www.ingramcontent.com/pod-product-compliance
Lightning Source LLC
LaVergne TN
LVHW050558160826
845677LV00011B/2354

قلوب أرهقها الزمان

اسم الكتاب: قلوب أرهقها الزمان

نوع الكتاب: خواطر

تأليف: مجموعة مؤلفين

تصميم الغلاف: رحمة أيمن

التصحيح اللغوي: أميرة سعيد

التنسيق الداخلي: نورا سليمان سيد

رقم الإيداع: 2023/21497

الترقيم الدولي: I.S.B.N 978-977-8983-16-6

جمهورية مصر العربية- القاهرة

مدير النشر: أحمد مكي جهاد محمود

01142340175.01208209008

Ahmedmakay79@gmail.com

قلوب أرهقها الزمان

التغير

يتوقف فجأة على أن يكون كما عرفته، يتحول بلا مُبرر إلى شخص لم أعرفه من قبل، أريد أن أسأل أن أتحدث عن سبب هذا التغير المفاجئ، أخاف أن أكون أنا السبب، وأنا لا أعلم، لا يهمني التغير والرحيل كل ما يهمني ألا أكون أنا المخطئ في حقه، أتذكر آخر موقف بيننا هل حدث شيء سيء مني، كلا لم يحدث شيء، تأكلني التساؤلات وأحمل في قلبي "لماذا وهل وكيف"، متردد وحائر ... لا أريد أن أبادر أو أسأل "لماذا"، لكنني خائف أن يأتي يوم أقول فيه "ربما لأنني لم أفعل، وأريد أن أسأل وأحاول، لكنني خائف، وأنا أعود مرددًا لهذا النص "أحيانًا يتوجب عليك المغادرة بصمت دون أن تحرك أسئلتك؛ لأن بعض تلك الأجوبة كان الرحيل بدونها أفضل، أخفّ".

الكاتبة/ جهاد محمود

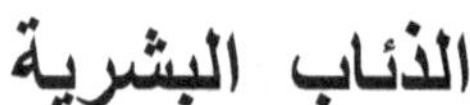

أجلس في مكان ما مع مجموعة من الذئاب البشرية، وفي داخلي يقول أنت لا تنتمي إلى هنا، أخبرهم أنني سعيد بلقائهم، وأنا لست كذلك أبدو مُهتمًا لكلامهم أجالسهم بتعابير منصتة وواعية، وأنا لا أعرف ماذا يقولون، أهز لهم برأسي أيضًا بينما أنا أفكر عن ماذا يتحدث هذا كيف لو سألني عن رأيي في الموضوع بماذا سأجيبه؟ ذات مرة طلب أحدهم في نهاية حوارنا عن رأيي في الموضوع صعقت لا أعرف ماذا أقول؛ فأخبرته بفلسفتي أن الوقت كالسيف إن لم تكن ذئبًا بما تشتهي السفن طلع البدر علينا.

الكاتبة/ جهاد محمود

مثل الشوك

هناك العديد من البشر قاسيين مثل شوك الورد، تتعثر فـي ورود مظهرهـا رائـع، ولكـن عنـدما تقتـرب منهـا تعلـم أنهـا قاسـية، وتجرحك مثل البشر، هكذا يمثلون أنهم ملائكة، ولكـنهم يريـدون تدميرك، ولا تعلم لماذا؟

دومًا أرى البشر من نظرتـي البريئـة التـي تـؤذيني دائمًـا، كيـف أستطيع أن أغير هذه النظرة؟ لكي أعلم ما هـي نوايـاهم السـيئة، التي تؤذي قلوبنا البريئة، كيف نتعافى من الديجور اليي يسببونهُ لنا؟ لم تعد بنا طاقة؛ لكي نتحمل حتى نواجه، لم يبخلوا علينا فـي يومٍ، أن يخبرونـا أنّا فاشلون، ويقومـون بتحطـيم كـل طموحاتنـا، ولم نستطع في يومٍ تحقيـق، الـذي نريـده، أنصـحك يـا عزيـزي، بعدم الاقتراب مـن البشـر؛ لأنــه عنـدما تقـوم بـالاقتراب، سـوف تنجرح من الشوك، الذي يظهر أمامك بهذا الوقت؛ لـذلك لا تقـوم بالاقتراب يا عزيزي.

الكاتبة/ فاطمة شعبان حسن.

ماذا لو عاد معتذرًا؟!

ماذا لو عاد معتذرًا؟ حقًّا ستمزحون؟

معتذرًا عن ماذا؟!

عن الذكريات المؤلمة، أم الإهانة لذاتي؟! أم الليالي التي كانت تهبط بها دموعي ولا يبالي! أم القلب المسكين التي كان يتمزق ليلًا ولا ينطق بحرف؟! روحي التي كانت تؤلمني دائمًا، أم الغدر بظهري ولا كأن لي وجود، أم الليالي التي كنت أباتُ بها وحيدًا ولم يشعر بي! لقد نهى على هذا القلب الذي فكر في يومٍ أن يعشق، ماذا كان يقدمه لي دائمًا؟

خذلان، تدمير آخر جُزءٍ من روحي، لقد نهى على ذاتي في يومٍ من الأيام، سوف يعود معتذرًا عن ماذا؟!

الكاتبة/ فاطمة شعبان حسن

حلفان ولم يبقى

أجزمت أنك لم تتركني في يومٍ؛ لأجل كل ذكرى كانت بيننا، لأجل كل مرة كنت بها مريضًا، وأنا كنت الدواء لك، كنت أنا الفتاة الساذجة دائمًا التي كانت لم تبخل عَليك من حنانٍ وعشقٍ؛ لكي ترضي قلبها قبلًا منك، لم أعلم أين اختفى حبك لي؟

حبك لي!

أيعقل أن يكون كل هذا الحب كان زائف وأنا لم أشعر؟

حقًّا كنت أنا بهذا اللغوب! أم أنت الذي كنت مُمثلًا رائعًا لهذه الدرجة، لقد كان لم يغفل لي جفنًا دون أن أطمن عليك، لماذا تركتني، وأنت تعلم أنني سوف أتعذب دون وجودك معي، وحلفت إنك تميل عن الهوى؛ فأين اليمين؟

وأين ما وعدتني به؟ .

الكاتبة / فاطمة شعبان حسن

وحيد

وحيد رغم كثرة البشر حولي، ألم يؤنس وحدتي تلك غير جدران غرفتي المظلمة، لا يشعرون بك داخل غرفتك ليلًا، والضجيج الذي يسير معك من أحاديثهم الجارحة لك دومًا، وحيد بين هذه الأصدقاء الذين يمثلون محبتهم الزائفة لي، بين الأهل الذي لم يهمهم غير أن يدخلوا على قلبك الهلاك، والخذلان، الديجور أصبح هو محور حياتي، أصبحتُ أجد راحتي النفسية في الانعزال عن البشر، يطرحون عَليك دائمًا سؤالًا، لماذا وحيد؟

ألم تأكل، وتشرب أمام أعيننا، فلماذا هذه الوحدة؟

لم يخطر على بالهم أنك تحتاج حنانًا، وليس طعامًا، وشرابًا؛ لتكون بخير.

الكاتبة/ فاطمة شعبان حسن

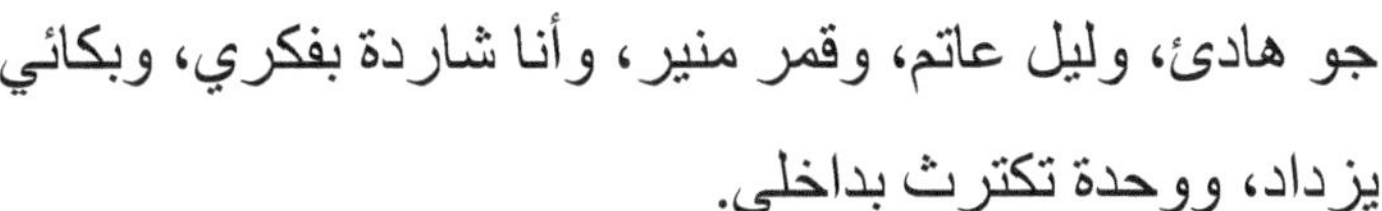

جو هادئ، وليل عاتم، وقمر منير، وأنا شاردة بفكري، وبكائي يزداد، ووحدة تكثرث بداخلي.

الكاتبة/ منة الله عبد الرحمن ||سِيسِيليَا||

✿✿✿

وجهكِ طريقٌ تُزحِم فيه القصائد

كنت تائهًا في عالم مظلم، ولكن أتت هي واقتحمت عتمة حياتي، أنظر إليها وأشعر ـن لا يوجد جمال رأيته من قبل، أعجز دائمًا أي قصيدة سوف أخبرها بها أو تليق بها؛ لأن جميعهم يصفونها، أحبك، وأحب النظر لوجهك، والتأمل في ملامحك البريئة، ونظرة الحب من عينيكِ التي تشبه السماء، وشوقك بنظراتك لي عندما تنظري إليَّ، فقط أحبكِ يا صغيرتي.

الكاتبة/ منة الله عبد الرحمن ||سِيسِيليَا||

سعادتها تشرق الشمس

بكائها ينزل المطر

عينها نجوم تلمع

ملامحها هادئة

صوتها عذب

كل شيء بها يصعب وصفه.

الكاتبة/ منة الله عبد الرحمن ||سِيسِيلِيَا||

نظل نسأل كثيرًا، ولا تتوقف أعيننا عن استكشاف ما حولنا، ولا تتوقف عقولنا عن التفكير فيمتلئ ما بداخلنا، ولا نستطيع التعبير عنه، نصمت، نحبس مشاعرنا حتى يفيض بنا الحال فينتهي المطاف بانفجار شلالًا يملأ عيني فيفيض.

الكاتبة/ أسماء محمد عبد الوهاب

✿✿✿

شئنا أم أبينا سنحيا حياتنا الحالية التي قدّرها الله لنا، ونحن من نمتلك سرها ولونها فبيدك أن تجعلها باللون الأبيض أو على النقيض بالأسود فعليك الاختيار.

الكاتبة/ أسماء محمد عبد الوهاب

✿✿✿

مش لازم تكون زيهم كونك مش مبهر دا في حد ذاته إبهار

الكاتبة / أسماء محمد عبدالوهاب

وكم من قريب فقدنا، وكم من حبيب هجرنا، وظللنا بمفردنا نترقب من يأتي طارقًا بابنا فهل سنسمح له بالمكوث أم سنتركه يرحل كما تركنا البقيه.

الكاتبة/ أسماء محمد عبدالوهاب

✿✿✿

يظنون أننا نحاول اقتناص ما لا يخصنا لا يعلمون أننا نكتفي بذاتنا نكتفي بما كتبه الله لنا لم تنظر عينانا قط إلا لما قسمه الله لنا فرضينا، ثم شكرنا فزادنا كرمًا وفضلًا فقط كل ما نريده هو العيش في سلام دون أي منازعات.

الكاتبة/ أسماء محمد عبدالوهاب

كل ما يزعجني هو أن قلبي معلقًا بين السماء والأرض فلا هو حــــر مثـــــل الطيــــر ولا حــــر علـــــى أرضــــهِ

الكاتبة/ أسماء محمد عبدالوهاب

✿✿✿

لا تنتظر لأحد يكملك فأنت مكتملًا بذاتك، وإن شعرت بوجود نقصٍ فأكلمه بنفسك لنفسك، ولا تبحث عن ما ينقصك بداخل الآخرين كل استفهام ستجد له إجابة بداخلك فقط اترك العنان لقلبك.

الكاتبة/ أسماء محمد عبد الوهاب

ما زلت تائهًا مترددًا لم أحدد من أنا بعد أحاول دومًا اكتشاف ذاتي فبادرت بالبحث بداخلي، ولكن لم أجد ما أريد فقررت بتغيير طريقي، وأسرعتُ بالبحث داخل عيون من أحب، وكلما تمعنت في النظر كلما أكتشف نفسي، وأراها بوضوح.

الكاتبة/ أسماء محمد عبد الوهاب

✿✿✿

لقد خنقتني الدموع، ولم يعد هناك مفر سوى فرارها على وجنتي، وكأنها تريد سقيهما، ولكن ما أردت أن تهدأ هذه سقيتي كل ما أردته هو وضع بعض الحُمرَة مثل باقي البنات.

الكاتبة/ أسماء محمد عبدالوهاب

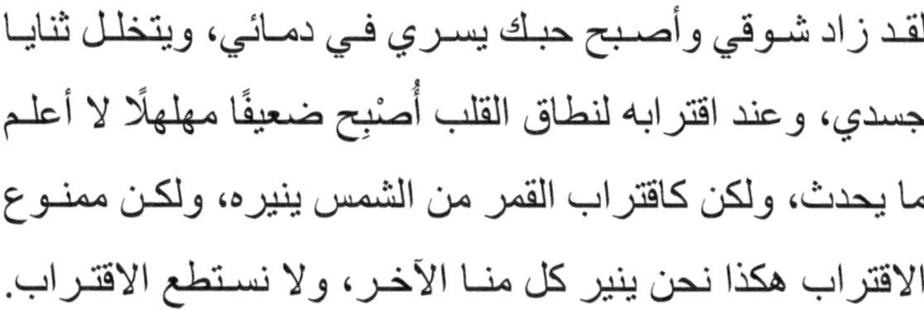

لقد زاد شوقي وأصبح حبك يسري في دمائي، ويتخلل ثنايا جسدي، وعند اقترابه لنطاق القلب أُصبِح ضعيفًا مهلهلًا لا أعلم ما يحدث، ولكن كاقتراب القمر من الشمس ينيره، ولكن ممنوع الاقتراب هكذا نحن ينير كل منا الآخر، ولا نستطع الاقتراب.

الكاتبة/ أسماء محمد عبدالوهاب

✿✿✿

ليس كل جارٍ حبيب فربما تتلاقى أجسادنا، وتلقي السلام أو تتلاقى أعيننا، ولكن تظل قلوبنا بعيدة تسلك مسارًا آخر كلما تحاول أن تجعل تلك المسافات قريبة تجدها تتنافر وحدها؛ فتظل متحيرًا فيما تريد.

الكاتبة/ أسماء محمد عبدالوهاب

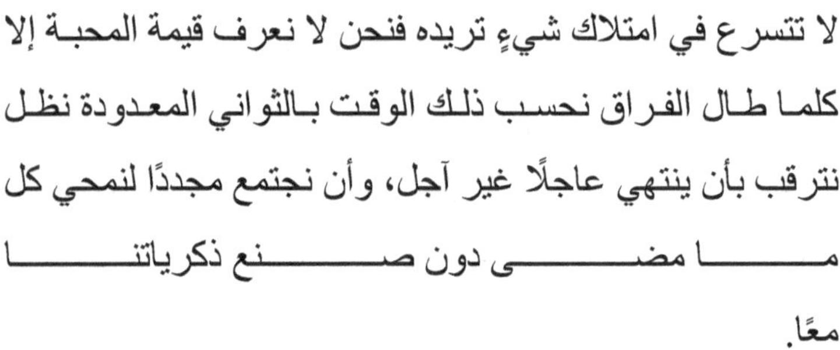

لا تتسرع في امتلاك شيءٍ تريده فنحن لا نعرف قيمة المحبـة إلا كلمـا طـال الفـراق نحسـب ذلـك الوقـت بـالثواني المعـدودة نظـل نترقب بأن ينتهي عاجلًا غير آجل، وأن نجتمع مجددًا لنمحي كل مـــــا مضـــــى دون صـــــنع ذكرياتنـــــا معًا.

الكاتبة/ أسماء محمد عبد الوهاب

✿✿✿

ضـمنت وجـودك ففـررتُ هاربـةً منـك، وعنـدما وجـدتك ترحـل ففرتُ هاربةً إليك أبحث عنك في كل من حولي دبلت عيوني من عدم ريّك لهـا بنظراتـك دبلـت عيـوني مـن قلـة رؤيتـك فهـل لـك بإحيائها مجددًا.

الكاتبة/ أسماء محمد عبدالوهاب

أصبحت شاعري مفرطة ومبعثرة لم أستطع جمعها يأتي بين الحين والآخر من يقتحم حياتي يأخذ بعضًا منها، يقتطف ما يحلو له، ثم يغادر، لم يتبقَ سوى القليل محاولة عدم إفلاتهم لحين العثور على من يستحق.

الكاتبة/ أسماء محمد عبد الوهاب

✿✿✿

أصبحت تلك الليالي دافئة عن ذي قبل لم يعد البرد يلامس جسدي خصوصًا أنه لم يعد يلامس قلبي فقد استوطن القلب وأصبح مسكنه دافئًا.

الكاتبة/ أسماء محمد عبد الوهاب

نظـرت إلـى السـماء مـن فـوقي، وشـردت شـردت فـي النجـوم المتلألئة، والقمر السـاطع بيـنهم فـي منتصـف الشـهر؛ فهـو مـن يخطف الأنظار جميع النجوم مذهلة، لكـن سـطوعهِ مـلأ المكـان فلـم يعـد أحـدًا يـرى أحـدًا سواه.

الكاتبة/ أسماء محمد عبد الوهاب

✿✿✿

أصبحت بين نارين متعلقًا في الهواء يحركنـي هنـا وهنـاك، لا أعلم ما عليَّ فعله هل أُكمِل ما أنا عليه أم أنسحب بهدوء، لا أريد أن أجعلـه يحركنـي دون عـدم رغبتـي فـي ذلك.

الكاتبة/ أسماء محمد عبد الوهاب

نعم!

لقد انطفأت طاقتي، ونفذت ولا أستطيع استعادتها فلقد أصبحت هشًّا بما فيه الكفاية، لم يبقَ لي سوى التحدث مع الاكثر استحقاقًا بذلك فبادروا بتلقيبي بالكئيب المتوحد.

الكاتبة/ أسماء محمد عبد الوهاب

✿✿✿

توجد أشخاص بداخل رأسي يتحدثون ويتشاجرون، وأنا لا أسمع سوى أصواتهم محاولين القضاء عليَّ، ويطالبون بانهياري، ولكنني ما زلت أحاول المقاومة.

الكاتبة/ أسماء محمد عبد الوهاب

كلما تقرر أن تأخذ خطوةً إلى الأمام تعود إلى نقطة البداية مجددًا لمجرد تذكرك بأن هؤلاء الناس لا يستحقون ما تفعله من أجلهم.

الكاتبة/ أسماء محمد عبدالوهاب

✿✿✿

لا نعرف أين القدر لا نريد أن تأخذنا الرياح؛ لأننا لا نعرف هل السفن تشتهي أم لا.

لا نريد أن نتوه، ولا نريد أن نتشتت فنحن نلملم شمل أنفسنا بطلوع أنفاسنا فكل ما نريده هو السلام.

الكاتبة/ أسماء محمد عبد الوهاب

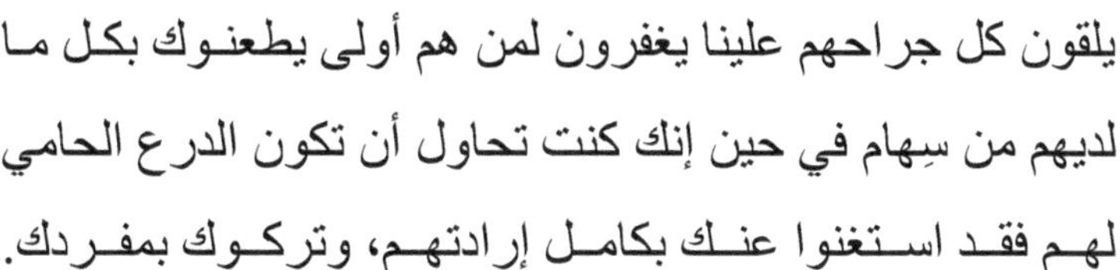

يلقون كل جراحهم علينا يغفرون لمن هم أولى يطعنـوك بكـل مـا لديهم من سِهام في حين إنك كنت تحاول أن تكون الدرع الحامي لهـم فقـد اسـتغنوا عنـك بكامـل إرادتهـم، وتركـوك بمفـردك.

الكاتبة/ أسماء محمد عبد الوهاب

✿✿✿

لسنا معصومين من الخطأ بل كل بني آدم خطاء، ويكـون الخطـأ درجـات ممكـن أن تكـون مؤذيًّـا لنفسـك فقـط، وممكـن أن تكـون مؤذيًّا لمن حولك بقصدٍ أو دون قصد، ولكن ليس لنا جناحين كـل ما نريده هو عندما نخطئ هو أن نعتذر، أخطأنـا بحـق الآخـرين فعلينا أن نعتذر، أما إذا أخطأنا في حق أنفسنا فعلينا الاعتذار بدل المرة ألف مرة، فهي لا تسـتحق منـك أن تخطـئ فـي حقهـا فهـي تحـاول جاهـدةً أن تكـون نقيـة فـلا تحـاول إفسـاد نقائهـا فهـي لا تستحق منك ذلك.

الكاتبة/ أسماء محمد عبد الوهاب

لا تبقى في مكان لا يعطيك حقك؛ فإن شعرت بعدم تقدير حتى إن كان طفيفًا فارحل فنفسك تستحق الأفضل دائمًا، فلا تجعلهم يقنعوك بأنك لا تستحق.

الكاتبة/ أسماء محمد عبد الوهاب

✿✿✿

أظل أبحث عن قلب يشبهني يشبه ماهيتي أخلاقي، أحلامي، طموحاتي لكن لا أعرف متى وأين سأجده، لكن كل ما أنا على يقين به أنه موجود، ويبحث عني هو الآخر.

الكاتبة/ أسماء محمد عبدالوهاب

هلكني التفكير

داخلي عراك بين قلبي وعقلي يختلفوا الاثنين عن بعضهم في أخذ القرار، قلبي يمتلئ بالمودة، واللين والرحمة، والمحبة، ولا يمسه الكراهية، ولكن عندما أتركه يأخذ القرار يجلب لي الكثير من الأوجاع والأحزان، لكن عقلي يختلف كثير عن قلبي حيث إن كل قرارات عقلي صحيحة؛ لأنه يأخذ القرارات بتفكير، وليس بالعاطفة، وبالرغم من ذلك أميل إلى قرارات قلبي؛ لأنها مليئة باللين، والمودة، وهذه الصفات يجب على القلب أن يتحلى بها، ولكن يجب أن نفكر جيدًا قبل ان نأخذ القرار، ونفكر بعقولنا جيدًا.

الكاتبة/ فاطمة ناصر حسين

لقد سرقني الوقت

أشعر وكأني محاصر مع الوقت، أسمع الكثير من الأصوات حولي، وأنظر إلى المارون حولي، ولكني أصبحت جسم صلب لا أعلم الوقت، أشعر وكأني تائه بين الماضي والمستقبل، ولكن لحظة إني أستمع لأصوات عالية، نعم إنها دقات الساعة الثانية عشرة ليلًا، ولا يوجد أشخاص في هذا الشارع أنا هنا وحيدًا، لقد علقت مرة أخرى مع الوقت داخل عقلي إذًا المرة القادمة سوف أنتبه للوقت جيدًا؛ لأن الوقت في عمرنا يعني الكثير، ويجب أن ننتبه له، ولا نترك الوقت يسرقنا مرة أخرى.

الكاتبة/ فاطمة ناصر حسين

عن حبي لصديقتي

هي هدية من القدر لي، هي رفيقتي في السير، هي ملجأي من الضياع، عندما أحزن تمسح عيني من البكاء، وأرى الحزن يملأ أعماقي، هي من تحمل عني أثقال الحياة، وتشاركني أحزاني، هي من تضحكني، وأنا في عز أوقات حزني، وضيقي، وبكائي، هي بسمتي وقت بكائي، هي من تعيد لي بسمتي، هي أنس لحياتي، هي نور لأوقات ظلامي، هي صديقتي وحبيبتي، هي أجمل شيء في حياتي، أتمنى أن تبقى معي إلى الأبد إلى أن تفنى حياتي.

الكاتبة/ فاطمة ناصر حسين

✿✿✿

ألم التفكير

في بعض الأحيان أذهب إلى غرفتي؛ لكي أقضي بعض من الوقت مع عقلي، ونقوم بالكثير من التفكير، ولكن عندما كنت أجلس مع عقلي شعرت بوجع وألم، وأدركت حينها أنه هذا ما يسمي بوجع التفكير السلبي، وفي نفس الوقت توقفت عن التفكير، وسألت نفسي الكثير من الأسئلة هل التفكير السلبي له ألم؟ هل سينفجر عقلي في يوم بسبب تفكيري السلبي؟

لا أعلم الجواب، ولكني سوف أتوقف عن التفكير السلبي

الكاتبة/ فاطمة ناصر حسين

ظلام غرفتي

كنت أجلس في غرفتي وحيد أتساءل هل تغيرت مخاوفي؟!عندما كنت صغير كنت أخاف الجلوس في الغرفة بمفردي، وأيضًا كنت أخاف ظلام الغرفة في الليل، لكن الآن أصبحت سجينًا داخل الغرفة المظلمة، أجلس في الظلام بمفردي، أتساءل هل قست الحياة عليَّ، لقد تغيرت عن ما كنت عليه في الماضي، الآن أصبحت سجينة داخل مخاوفي، وأتساءل لماذا الغرفة معتمة ومظلمة، والحزن، والبؤس يملئون الجدران، ولكن الآن أريد فقدان مخاوفي وأن تمتلئ غرفتي بالسعادة، والفرح والبهجة من جديد.

الكاتبة/ فاطمة ناصر حسين

✿✿✿

لقد تخلي عني صديقي

لماذا تركتني يا صديقي لما تخليت عني، لم أقل لك أني بدونك ضايع هالك في رمال الحياة، لماذا تركت قلبي ينزف عند رؤيتك تهاجر ديارنا، لم أتخيل يومًا أنك سوف تغادر، وتترك فراغ داخل أعماق قلبي رحلت يا صديقي، وتركت لي الكثير من الذكريات، ولكن أريد أن أراكَ؛ لكي أعناقك هل تعلم يا صديقي أن سعادتي ستكون في عناقك؟!هل تعلم يا صديقي أنني أريد أن تعود تلقي الأيام السعيدة؟!

أنا هنا يا صديقي في انتظار عودتك.

الكاتبة/ فاطمة ناصر حسين

سجينة منذ الطفولة

في يومٍ، غرقت في بحر أفكاري أتذكر تِلك الفتاة الصغيرة التي بداخلي، كيف مر الكثير من الأعوام، وهي تعاني بمفردها في ذلك الظلام الكبير، ولا أحد يعلم بهذه الصغيرة؟

الطفولة مرح، ولعب، وضحك، وسعادة، ومحبة، ولكن في داخلي طفلة لم ترَ شيء من ذلك، بل رأت الكثير من المتاعب، والكسر، والحزن، والبؤس، وتحطمت.

هل العالم كان قاسي عليها؟ أم ماذا؟ هل كانت الليالي مظلمة؟ أم ماذا؟ هل تحطمت الفتاة الصغيرة؟، ولكن الفتاة ما زالت سجينة في أعماقي، تصرخ ولا أحد يعلم ما بها من ألم وخوف.

الكاتبة/ فاطمة ناصر حسين

✿✿✿

طريقي إلى غايتي

أعلم أن السير في ذلك الطريق صعبًا، ويحمل الكثير من المتاعب، ولكن في يومٍ كان لديَّ صديق يخفف ألم السير، ولكن مع مرور الوقت رحل صديقي، وأصبح السير بمفردي، وحينها أدركت معنى السير في الطريق ومعنى صعوبة السير، ولكني أدركت أيضًا أنه طريقي، ويجب أن أسيرها بمفردي، وأتحمل صعوبته، وأن لكل شخص في هذا العالم طريق يجب أن يتخطاها بمفرده، لكي يصل إلى غايته.

الكاتبة/ فاطمة ناصر حسين

الانتظار يقتل

في نفس المكـان تمـر نفس الأحـداث والأشـخاص، وانـا أنتظـر مجيء الأحباب بكل سرور، ولكن مر الكثير من الوقت، وأنا هنا وحيد لا أعلم ماذا أنتظر لقد رحل الجميع، ولم يبقَ غيري هنا.

هل أنا سجين في محطه الانتظار أم ماذا؟

هل الأحباب تذهب بدون عوده أم ماذا؟ هل أنا وحيد أم ماذا؟

لكني أتمنى مجيء الجميع.

الكاتبة/ فاطمة ناصر حسين.

✿✿✿

"طريق عودة النفس مرة أخرى"

اليوم علمت أن نفسي عادت إليَّ عندما علمـت أننـي كنـت أسير في الطريق الخطأ، كان لهذا الطريق نهايةً عكس البدايـة، كانـت بداية الطريق توحي بـأن النهايـة جميلـة، بـدأ الطريـق بـالمرح، المودة، السعادة، البهجة، ولكن انعكس كل شيء حين أدركـت أن حقيقة السير في هذا الطريـق أدت إلـى الوحـدة، الحـزن، البـؤس والاكتئاب، ولكن أدركت كل شيء وعُدت إلـى نفسـي، وعلمـت أنه يجب علي التفكير قبـل أن أبـدأ المغـامرة إلـى أي طريـق هـو البداية لم يُنسني مُر النهاية، أن الاختيار الخطأ ليس نهايـة العـالم وأنه مجرد اختيار، ونستطيع أن نبدأ من جديد.

الكاتبة/ فاطمة ناصر حسين

نافذة الذكريات

اليوم أريد أن أذهب إلى منزل الطفولة، وألتقي بأصدقاء الطفولة، وأتذكر معهم بعض من الأوقات السعيدة حينما كنا نلعب ونمرح، ولكن حين وصلت إلى بيت الطفولة لفت نظري شيء لقد تغير شكل نافذتي حيث إنها كانت مليئة بالورد والأزهار، وبعض من طعام الطيور، ولكن الآن تغير شكله إلى اللون الرمادي المحزن.

هل النافذة حزنت حينما ذهبت وتركتها وحيدة هي والذكريات أم ماذا؟

الكاتبة/ فاطمة ناصر حسين

✿✿✿

لكل إنسان في هذه الحياة حلم يسعى إلى تحقيقه، مثل الطائر الذي يحلم ببناء مسكن ليحتمي به، ولكن يتحطم حلم هذا الطائر عند مجيء العواصف والرياح لتدمير مسكن هذا الطائر، وأيضًا الإنسان يواجه الكثير من العواصف، والمشاكل، والضغوطات التي تقوم بتدمير أحلامه، ولكن يجب علينا أن نفعل مثل الطائر الذي يقوم ببناء مسكنه مرة أخرى، ونبني أحلامنا من جديد، ولا نسقط لعاصفة، ونسعى إلى تحقيق أحلامنا مهما كانت الصعوبات.

الكاتبة/ فاطمة ناصر حسين

أفتقد صديقتي

كنت أسير في الصباح الباكر في شوارع المدينـة، ولكـن سـقط نظري على شيء فتح لـي الكثيـر مـن الـذكريات، وهـذا الشـيء مدرستي الابتدائية، وحينهـا ذهبـت بـذاكرتي إلـى أيـام الطفولـة، وتذكرت صديقتي، وشعرت بأن الوقت سرقنا أتـذكر كـل شـيء، وكانه أمس، أتذكر أوقاتنا مع بعض وأيامنا السعيدة، والذكريات، والمواقف التي كانت تجمع الكثير من معاني الصـداقة والمحبـة، ولكني أشعر بأنني أفتقد شيء أفتقد صديقتي لقد رحلت من وقـت طويل، ولكن ذكرياتنا باقية معي

أتمنى أن ألتقي بصديقتي يومًا.

الكاتبة/ فاطمة ناصر حسين

✿✿✿

لَيت الوقت لَم يَمُر، وبَقينا سويًّا أكثر ما يُمكن مِن الوقـت؛ لأننـي قَد اشتقتُ للأيام التي قضيناها سويًّا، نَمرح، و نَلعب، ونَضـحك، كانـت أيـام سَـعيدة للغايـة، ولَكـن الآن تَغيـر كُـل شـيء؛ لأنكـم تَركتموني وأصبح اليـأس يَقتُلنـي، ولا أعلـم كيـف الحـال لـديكم، ولَكن الجُدران مِن حولي تضايقت.

ليتكم ترجعون.

الكاتبة/ فاطمة ناصر حسين

نجاتي من الظلام

في طريق السير الطويل المليء بالظلام رأيت نورًا في آخر الطريق، وكان ملجأ لي أخذ بيدي من الظلام إلى النور، البر.

أرشدني إلى طريق النجاء من الظلام كان لي أكثر من كونه نورًا، عندما كنت أرى عينها كنت أغوص فيها ليرى الكثير من معاني الحب والمودة، وكأن عينه تعانق روحي وترطب عليه، كان لي ملجأ من الخوف والضياع والبكاء، كلما ضاقت دنياي ذهبت إليه؛ لكي أشكي له معاناة الحياة التي ترعبني؛ لكي احتمي به من المخاوف الكثيرة، هو نصفي الآخر، وروحي، ومسكني، وملجأي، وأماني هو لي أكثر من كونه نورًا، هو لي عالمًا.

الكاتبة/ فاطمة ناصر حسين

لا يستويان

كبحر بلا أمواج، بلا أسماك لا تزوره السفن، ولا حتى الرياح، لا موج له، ولا مد ولا جزر كماء ساكن هكذا مثل الذي يقرأ، والذي لا يقرأ أو بمعنى آخر لا مبالغ فيه كمثل الحي، والميت أن تقرأ كتاب بمثابة أنك تستعيد أنفاسك لمواصلة الحياة، وأن تجهل بتلك المهارة كمن فقد القدرة على التنفس وفقد الوعي .. ألم يحن الوقت لاستعادة أنفاسك والبقاء على قيد الحياة.

الكاتبة/ ولاء عبد القادر

✿✿✿

هل هناك شيء وراء لا شيئية العالم؟

هل أنت علي قيد الحياة؟ لم أقصد أنفاسك فطالما تقرأ هذا فأنت حتمًا على قيد الحياة يوجد موت أعمق من هذا هو أن تموت فبالعزلة عندما يصبح حتى الضوء مبدئًا للموت في لحظات كهذه نكاد نكون مفصولين عن الحياة، عن الحب، الأصدقاء، وحتى عن الموت، حينها ستسأل نفسك هل هناك شيء وراء لا شيئية العالم، وخلف لا شيئك الخاص.

الكاتبة/ ولاء عبد القادر

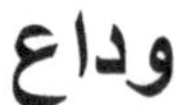

وداع

هو هو ذآك الحُلم أو ذلك الأمل الذي لطالما خلوت بنفسك .. تأرجحت إليه بخيالك، وعشت فيه فترة من الزمن فتتسع عيناك، وإذا بضحكه ارتسمت على وجهك .. لحظة أنت ما زلت على كوكب الأرض؛ حيث لا مجال للخيال هنا، ولا وقت بدل ضائع استيقظ يا عزيزي، وانظر حولك العالم أصبح أبشع بكثير استيقظ وإلا ستندم .. وستخسر.

الكاتبة/ ولاء عبد القادر

✿✿✿

فقد الأحبة

أن تسكن مكان يعني أن ذاكرتك تلتصق به، كل شيء من حولك يلتقط أنفاسك، كل ركن تبات ذكرى لك أنت تسكنه وهو يسكنك، فماذا عن لو نَفوك من وطنك وسلبوا منك ذكرياته، وفجأة تجد نفسك لا ملجأ لك ولا ذكريات، ولا أحبه، ولا قلب جردوك من كل شيء ظنًّا منهم أنهم على صواب، كلا وربي يحسبونه هينًا وهو عند الله عظيم، فقد الأحبة غربة يا عزيزي؛ ولكن غربة من نوع خاص، غربة حيث لا عودة إلى الأبد، إلى الأبد يا صديقي.

الكاتبة/ ولاء عبد القادر

امتنـان

وأنت على فراشك الآن سآخذك بضع دقائق فقط، سأعيد ترتيب شيئًا ما ولكن بعد أن تجيب على هذه الأسئلة، انظر إلى حالك الآن تراجع للوراء قليلًا تذكر كم دعوة دعوتها أنت الآن مُنعم بين الاستجابة، كم ذنبًا غُفر لك بعد أن استغفرت وأنت كلك يقين بإنه لا محال سميعٌ مجيب؛ لذلك عليك أن لا تغفل عن حمد الله أبدًا يا عزيزي، كل ما عليك أن تجعل من دعائك اللهم أعنا على ذكرك وشكرك وحسن عبادتك، حمدًا لك لأنك الله.

الكاتبة/ ولاء عبد القادر

✿✿✿

المعرفة تراكمية

كان تفكيري سابقًا أن من يريد أن يكون مثقفًا فعليه باقتناء الكتب والقراءة كثيرًا، ولكني وجدت أن من أراد هذا فله بمعنى من أراد أن يقرأ ليصبح مثقفً فحسب فله ما أراد أما من فتح الأفق، وبدأ أن يغوص في بحر لا قاع له فحتمًا سَتفتح له الأبواب المغلقة، كأنه في سرداب، وكلما تخطى سيجد سلاسة في الأمر، إذا أردت أن تقرأ اقرأ ستجد أن سرعة بديهتك قد نَمت سَتهطل أفكارك بسهولة كلما واجهك أمر عسير في حياتك كنصيحة لك عزيزي لا تبحث عن العناوين الثقيلة، والكتب الدسمة لمجرد أن تصبح مثقفًا بشكل أسرع واعلم أن المعرفة تراكمية.

الكاتبة/ ولاء عبد القادر

غذاء العقول

وكأن الكتاب أصبح بمثابة حياة أن أعيش بين صفحاته، وأبات وأنا قد أخذت أكبر كم من المعرفة بمثابة الغذاء بمثابة الوجبات التي نتناولها تمامًا، انا أشبع بالأحرف وارتوي بغلق غلاف وفتح الآخر أنا أعشق رائحة الأوراق التي لطالما تنقلت بينها أشعر، وكأنني أخذت وجبة ثمينة أستطيع أن أمارس حياتي أسبوع كامل دون أن أحتاج للطعام حقًّا القراءة غذاء الروح.

الكاتبة/ ولاء عبد القادر

✿✿✿

مفترق الطرق

لا أخفيك سرًّا يا صديقي الأمر ليس كما تعتقد كلانا يعبر عن مفترق الطرق أي كنا معًا ف فاختلفنا أو افترقنا فكلًا منا غير وجهته، ولكن الأمر ليس كذلك مفترق الطرق هو منتصف الأشياء التي يسبقها بدايات تشبه هدوء ما قبل العاصفة، ثم عند نقطة ما، وفجأة بلا مقدمات يريد أحدهما بل كلاهما أن يغير وجهته دون اتفاق مع الشخص الآخر فيتركه، وهنا يفترق الطريق رغمًا عنه.

الكاتبة/ ولاء عبد القادر

اللاعودة

أعتقد من فرط الفراق والعناء الذي يصحبه أنا وأنت يجب أن نتقن ثقافة اللاعودة على إنك تقتلك ثقافتك أن من فاتك، وفرط بكْ هو حتمًا لا يستحق أن أعاني من أجله أو من أجل أن أعود بداخله؛ لنترك كل ما تركنا بلا عودة، ونحن أصلب ما يكون؛ لأننا اتبعنا الطريق الصحيح، من لا يريدك اتركه بلا عودة، يا صديقي من فرط بك اتركه بلا عودة، يا عزيزي الأشياء التي لا تريدك أفلت يدها أنت أولًا، قم بمواصلة البحث عما تستحق.

الكاتبة/ ولاء عبد القادر

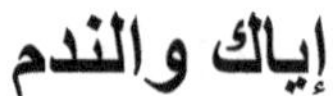

إياك والندم

عش كل يومٍ كما ينبغي، افعل ما يجب فعله أو من المفترض فعله لا تأجل شيء من تلقاء نفسك فتصاب بحمى الندم فتتمكن منك، وأنا وأنت نعلم جيدًا أن لا طبيب يسمى معالج الندم، ولا دواء يباع في الصيدليات بهذا الاسم كل ما عليك فعله أن تتجنب تلك الحمى ما فاتك من شيء فاعلم يقينًا أنه لم يكن لك (عش كل مرحلة كما ينبغي) سواء أحببت ما عليه أم لا في كلا الحالتين لن تجد أحسن من هذا؛ لأن الله لا يختار لنا إلا الأفضل سواء في عمل أو دراسة كل ما عليك التسليم لأمر الله، واليقين بأن ما اختاره الله لك هو الأنسب هو الأصح هو الخير فقط، وما دون ذلك لم يفوتك شيء ثم يتبقى الرضا إن رضيت فسلام لك وهنيئًا عليك، فالرضا بداية الشعور بالسعادة فلنحمد لله دائمًا ونثني عليه، ونرضى بما قسمه لنا

الكاتبة/ ولاء عبد القادر

وكأن الحياه مثل عقرب الساعة إذا لم تحقق أحلامك وأهدافك هيفوتك العمر، (الوقت كالسيف إن لم تقطعه قطعك) مقولة الإمام علي بن أبي طالب، يقوم الإنسان بوضع خطط لتنفيذ بعض المهام؛ لعدم تراكم أعمالنا، مصارعة الوقت، الوقت يداهمنا من آثار الصدمة، والإساءات هو شعور دائم بأن الدنيا تعاملنا بشكل يفوق قدرتنا على التدارك، والمواكبة تلك الأحلام التي تراودنا شعورنا بأن الوقت أضيق من قدر تحقيق الإنجاز نسابق الزمن دون أن ندري ... من أي شيء نهرب؟، بأن دقات الساعة تلاحقنا، وكأن قنبلة ما على وشك الانفجار، ثم كبرنا ونحن نحمل تلك الاستجابات الغير مفهومة، وحين نفهمه ونقدره يكون فات الأوان...

الكاتبة/ آية أحمد

إن الموت ليس هو الخسارة الكبرى، الخسارة الأكبر هو ما يموت فينا ونحن أحياء، بعض الأشخاص يتحملون أوضاع ليست برغبتهم، وضغوط الحياة، والمشاكل تؤدي إلى الاختناق والهروب، وإذا تحدثت يتم التبرير، الاختناق، الوحدة، والخذلان، والوعود المتكررة والإساءة، وكثرة الصياح، ونوبات الغضب إن كل إساءة تحمل في تكويننا، وتؤثر على سلوكنا، وتؤدي لطاقة سلبية، التفكير الكثير والتشتت يرهق، ولكن الإنسان يتخلى عن نفسه الحقيقية، ويقرر أن يكون شخص آخر، ونقلع جلودنا، ونرتدي غيرها لإرضاء الجميع، يؤدي واجباته، ويذهب لمكانه؛ لينفرد ويؤدي لعملية تشويه، الإنسان يتغير لسببين حينما يتعلم أكثر مما يريد أو حينما يتأذى أكثر مما يستحق.

الكاتبة/ آية أحمد

في بعض الأحيان تجد الكل من حولك يهتمون بك أكثر من الشخص الذي تحبه، بينما هو لا يبدي لك أي اهتمام كم هو مؤلم ذلك الشعور، وقد نجلس مع كثير من الناس لكن لا نشعر بالسعادة نشعر بالوحدة عكس الشخص الذي تحبه، وهو الوحيد الذي يساوي سكان العالم، تجد أشخاص يقربون منك؛ لأذيتك فقط هناك أشخاص لا يستحقون محبتك لهم؛ لأنهم يعلمون أن قلبك مسكين أمامهم فيجرحون هذا القلب، ويعلمون أن قلبك يريدهم فقط فيدمرون هذا القلب هكذا القلب المحب لا يريد سوى الهلاك مع هؤلاء الذين ظننتهم أناس، وضع الحدود في العلاقات وسيلة؛ لإبقاء الآخرين في الخارج التي أقمناها حول نفوسنا.

الكاتبة/ آية أحمد

أحيانًا قد تدفع أحدهم بعيدًا إن حاول أن يستكشف جرحك أو أراد أن يساعدك لمداواته، نتيجة لذلك الألم الناجم عن التعامل حتى ولو بشكل طبي، خوف الرفض الذي يسيطر علينا زماننا، فقديمًا كنا نسكت رغم أننا نعرف الإجابة، ونبتلع الحلول التي يحتجونها ممزوجةً بالحسرة حين يليه غيرنا هذه الأخطاء ناحية عالم سري مكتوم، وصنع حياة جديدة قد كنت أخاف على قلبي من الوجع والكسرة سنظل وقتًا طويلًا نحاول حماية جروحنا حتى نشعر بثقة الشخص الذي يقترب منا بغرض المساعدة، وفي لمسته الرقيقة المتفهمة للوجيعة التي تحركها أفعال المداواة نفسها، نكتمه ونتصالح معه، ونترك له الجرح فقط حين نشعر بالثقة.

الكاتبة/ آية أحمد

كثرة التفكير يدمر..

الفكرة والصوت داخلنا يسعى لعزلنا فهو صوت المرض مهما بدأ لنا صوت التعافي العطوف تواصلنا معهم فهو المرض، والاضطراب، والوهم، مهما ارتدى من عباءات الإرشاد، القلق يدفعنا للهروب والاجتناب، ثم العزلة لا نعلم اضطرابًا لا يريد في النهاية أن ينتهي بالمرء للعزلة؛ لكي يستحوذ عليه هناك ويلتهمه بل هو مرض يرتدي قناع التعافي طور من أطوار المرض أكثر خبثًا يخدعك بأن يقصيك، ويعزلك، ويوهمك أن تستطيع مخالطة الناس الآن، وأنك ستأخذ فقط بعض الوقت؛ لتعيد تجميع ملفاتك حيلة جديدة من حيل الخوف صوت المرض داخلنا يعني، فنحن أيضًا نخطئ، ونسيء الفهم ونرتدي أحيانًا في غمرة تخبطاتنا.

الكاتبة/ آية أحمد

نشـعر بـالخوف تخـرج مخاوفنـا معنـا منـذ مآسـي طفولتنـا، وخسارات نضجنا تبدأ الهواجس تلهمنا (لـم نعـد محبـوبين، ولـم نعـد مقبـولين)، لا يوجـد مـا يـدعوه للبقـاء معـي سـيرحل ككـل الـراحلين فتلهمنـا هـواجس الفقـد والـرفض، تحتلنـا مخـاوف الخذلان، المخاوف عبـرت عـن شـعورنا الـدفين بافتقـاد الأمـان، وافتقاد الثقة؛ فإننا نتوقـع أن يرحـل الآخـرون عنـا أو نتوقـع أن يفضلوا غيرنا علينا، نشأ من تجربتنا الأولي التي شكلت قوالـب العلاقـات احتجنـا دومًـا أن نحصـل علـى مـا نريـد مـن الأبـواب الخلفيـــة، ونســـدد احتياجاتنـــا بالتســـلل الخفـــي فـــي الأحـاديث.

الكاتبة/ آية أحمد

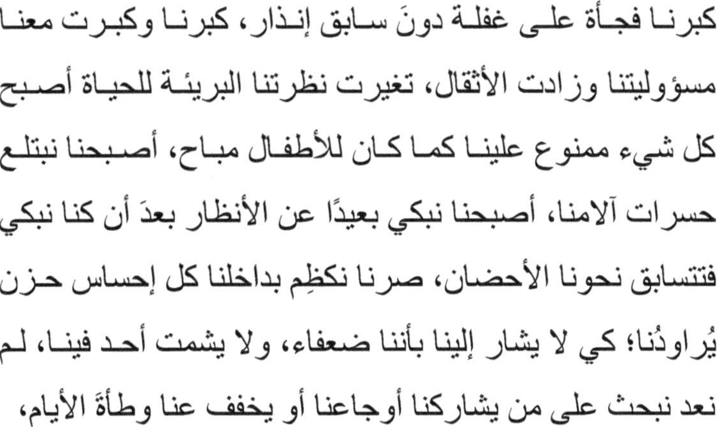

كبرنـا فجـأة علـى غفلـة دونَ سـابق إنـذار، كبرنـا وكبـرت معنـا مسؤوليتنا وزادت الأثقال، تغيرت نظرتنا البريئـة للحيـاة أصـبح كل شيء ممنوع علينـا كمـا كـان للأطفـال مبـاح، أصـبحنا نبتلـع حسرات آلامنـا، أصبحنا نبكي بعيدًا عن الأنظار بعدَ أن كنا نبكي فتتسابق نحونا الأحضان، صرنا نكظِم بداخلنا كل إحساس حـزن يُراودُنا؛ كي لا يشار إلينا بأننا ضعفاء، ولا يشمت أحـد فينـا، لـم نعد نبحث على من يشاركنا أوجاعنا أو يخفف عنا وطأةَ الأيام،

لم تعد الأشياء التي نحبها تُغرينا، لم نعد نحتسب الأيـام؛ لتمضـي وتحقق أمانينا كبرنا، ودفنّا بداخلنا أشياء كثيرة

أدركنا أنها لم تكن يومًا لنا، ونحـنُ مـن بالغنـا فـي الأحـلام علـى غفلة منّا كبرنا، وتغيرَ بنـا الزمـان لا نحـنُ بقينـا كمـا نحـنُ، ولا الأيام أعادت لنا ما أخذتهُ.

الكاتبة/ آية احمد

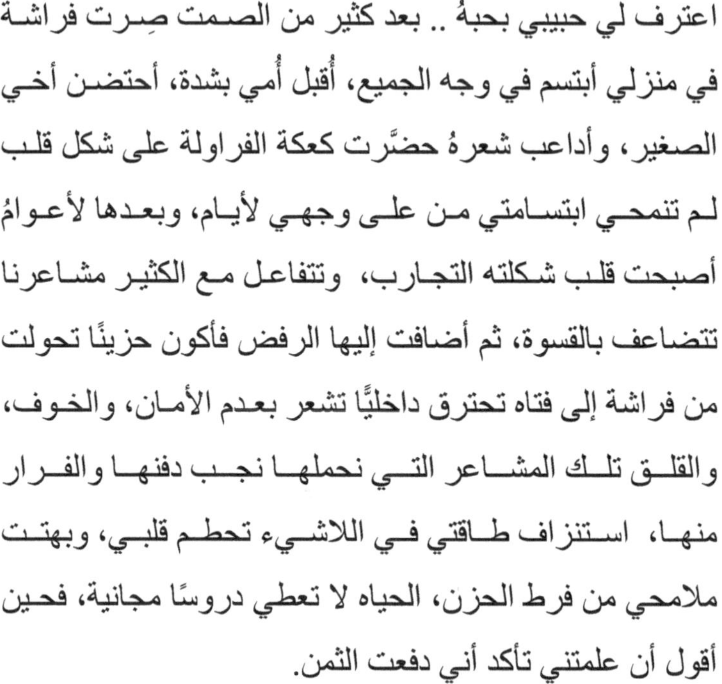

اعترف لي حبيبي بحبهُ .. بعد كثير من الصمت صِرت فراشة في منزلي أبتسم في وجه الجميع، أُقبل أُمي بشدة، أحتضن أخي الصغير، وأداعب شعرهُ حضَّرت كعكة الفراولة على شكل قلب لم تنمحي ابتسامتي من على وجهي لأيام، وبعدها لأعوامُ أصبحت قلب شكلته التجارب، وتتفاعل مع الكثير مشاعرنا تتضاعف بالقسوة، ثم أضافت إليها الرفض فأكون حزينًا تحولت من فراشة إلى فتاه تحترق داخليًّا تشعر بعدم الأمان، والخوف، والقلق تلك المشاعر التي نحملها نجب دفنها والفرار منها، استنزاف طاقتي في اللاشيء تحطم قلبي، وبهتت ملامحي من فرط الحزن، الحياه لا تعطي دروسًا مجانية، فحين أقول أن علمتني تأكد أني دفعت الثمن.

الكاتبة/ آية أحمد.

لا أتذكر أني شاهدت أحدهما يضحك يومًا ما، ولا أدري هل كانت الظروف صعبة لتلك الدرجة أم أنها تلك هي العدسة التي سرى من خلالها العالم، أبي كان مرهقًا وأمي كانت حزينة دومًا لا تكاد عيناها تخلو من دمعة تلمع صراع الأبوين على مرأى ومسمع الأبناء بما يتضمنه من إهانات وكثرة الأسباب، ودوام التقبيح والصراخ، ونوبات الغضب تؤدي لأسرة مفككة، وطفل مرهق داخليًا يتولد كائن محروم من العاطفة، والهدوء النفسي، والأسرى افتقاد الأمان ورؤيتي لمنزلي بخطر، كانت صدمات مبكرة كانت تلك النتائج أكثر تجذرًا صدمات في الصغر أيضًا تنحت نقوشها على مادة التكوين التي لم تجف بعد لذا تبقى آثارها.

الكاتبة/ آية أحمد

✿✿✿

بعض الآباء يدمرون أبناءهم قبل أن يدمرهم أي شيء آخر صار العالم في عيني مكانًا متوحشًا مثير للخوف ينتظر غفلتي، صار الحزن هو اللغة التي أفهمها من المشاعر، لا أتقن التعامل مع الفرح أقوم بتعريف نفسي من خلال الأسى، والشكوى والألم فقط، قررت في هذه الحياة أن أكون ضيف خفيف تعلمت أن حزني ومشاكلي يكون في صمت وخفاء، وأن حق كل شخص في الحياة أن يشعر ويطلب ويحس إلا أنا.

الكاتبة/ آية أحمد

كيف حالك بعد غيابنا يا ملاكِ؟

كيف أحوال قلبك، وطقس مدينتك؛ أما زالت باردة، والأشواق أما زالت حارقة؟ أنا أشتاق لك جدًّا اليوم كعادتي، وهنا صائف جدًّا كقلبي تمامًا لقد أصابنا الخريف المؤبد، أود إخبارك أنني ما زلت أحتفظ بصورتك الملائكية في هاتفي، وأستودعها الله كل ليلة قبل أن تغفو عيناي، وعندما أستيقظ أتأكد من وجودها كذلك؛ فلقد فقدت الآن كل شيء أحبه حتى صرت أخاف أن أستيقظ، ولا أجد صورتك التي أطمئن كل ليلة عليها.

الكاتبة/ ندا السيد سعد

✿✿✿

هناك شيء

هناك شيء يحزنني، ولكني لا أعلمه، وفي بعض الأوقات أعلم السبب، حائرة في المنتصف أبكي إلى أن يضيق تنفسي، وتنخفض دقات قلبي، أبكي وأحزن على شيء ليس بيدي، شيء لا أستطع التحكم به أو أفعل شيء، وهذا ما يجعلني يائسة أجلس بمفردي فوق السرير، وأفكر في كل شيء للحد الذي يرهقني أذهب للنوم؛ لأتوقف عن التفكير، ولكنني أفشل مرة أخرى أستمر في التفكير والنوم يذهب؛ ليأتي الصباح وأنا لم أخلد للنوم حتى ساعة واحدة، وأكمل يومي مجبورة ولا زال عقلي يفكر، وقلبي يؤلمني، ولا زال ما يحزنني جالسًا فوق صدري ويزداد ثقلًا.

الكاتبة/ ندا السيد سعد

لم أعد تلك الفتاة الفضولية التي تثير فضولها أي شيء حتى الأشياء التي لا تخصها تغيرت لدرجة أن لامبالاتي سبقتني سنًّا، وحياتي أمست حياة الكبار بملامح طفولية، ربما أيقنت أن الفضول لا يقدم ولا يؤخر، وربما مات فضولي بعد اكتشاف حقيقة الكثيرين وسط هذه الحياة الغير عادية أو قتل فضولي برصاصة موحشة قبل برهه من الزمن، وأدى لخسارات كثيرة، وأهمها ضياع حب التمعن في الأشياء والإبحار في التفاصيل، وغياب الروح تمامًا؛ فخوفي من رصاصات أخرى تقتل بقية أجزائي مسيطر على حالي.

الكاتبة/ ندا السيد سعد

✿✿✿

قد كسرتني بشدة

للحد الذي جعلتني أتوقف عن الحب من بعدك فلم يعد يؤتمن أبدًا قد أثبت لي أن الإفراط في التوقعات وقوع لا نهوض بعده، علمتني لا أؤمن بالوعود فكل الوعود المعطاة سيخلف بها، فعليَّ ألا أغتر بما يقال عن الحب فكله هراء وتزييف للأحاديث فقط، زرعت خوف دائم، وألا أثق بكل الكلمات الحلوة، ولا بحجم الرسائل، وألا أثق بالبدايات فالنهايات هي البرهان، وتلك الفرشات في الأخيرة تصبح سكاكين، علمتني ألا أندفع مرة أخرى نحو أي شخص.

الكاتبة/ ندا السيد سعد

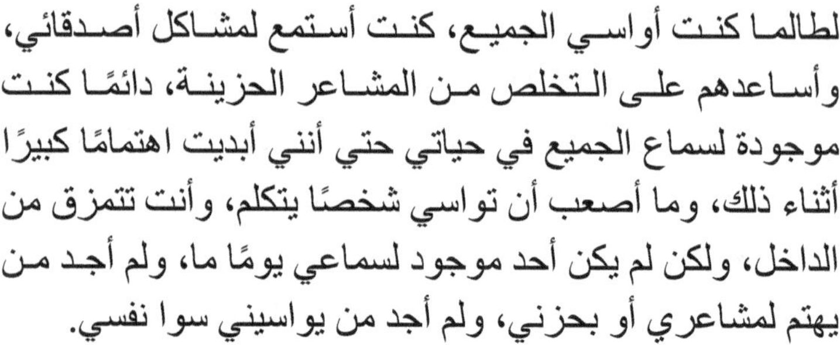

لطالما كنت أواسي الجميع، كنت أستمع لمشاكل أصدقائي، وأساعدهم على التخلص من المشاعر الحزينة، دائمًا كنت موجودة لسماع الجميع في حياتي حتي أنني أبديت اهتمامًا كبيرًا أثناء ذلك، وما أصعب أن تواسي شخصًا يتكلم، وأنت تتمزق من الداخل، ولكن لم يكن أحد موجود لسماعي يومًا ما، ولم أجد من يهتم لمشاعري أو بحزني، ولم أجد من يواسيني سوا نفسي.

الكاتبة/ ندا السيد سعد

✿✿✿

"لا ماضي"

أنا شخصٌ غريب، لا ماضي له، الماضي هو حاضري ومستقبلي، يعيش بداخلي وهذا مرهق، يلومني الجميع على كل شيء يذكرونني بالماضي، وكأنه غادرني، لا يعلمون أنني لا زلت هناك أحارب نفسي، فكيف أهرب من الحريق وأنا النار؟، هناك نيازك وصواريخ تصطدم بي دومًا دون راحة حتى قليلًا، أغلق عيني؛ لتهدأ الحروب التي بداخلي، ولكن يتساقط الجنود أحاول التماسك، ولكنني أفشل أجلس وحيدًا أراقب الأمر لا حيلة بيدي، أعود لغرفتي أستلقي مرهقة جدًّا، عندما أستيقظ أرى نفسي فوق السرير، والجميع حولي يذرفون أدمع زائفة، لا بأس فكنت ميتة منذ زمن، كنت جسدًا بلا روح.

الكاتبة/ ندا السيد سعد

منذ قليل حدث

تشكو أمي من برودي وانطفائي، وذبلاني، وكذلك أصدقائي وأهلي، ومن حولي جميعهم يشكون مني، ومن تصرفاتي أخوض معارك وصراعات بين قلبي وأحاسيسي ونفسي وأخوض الحروب لوحدي، وأنجو منها وحدي ما أفعله دومًا أحاول التظاهر بالسلام لكن أين يكمن السلام بداخلي؟

استشهدت أحاسيسي ومشاعري مات قلبي لم يبقَ سوى عقلي، وتفكيري لا تعاتبوني، دعوني وشأني أرجوكم.

الكاتبة/ ندا السيد سعد

✿✿✿

هل أنا سيئة لهذه الدرجة؟

هل دموعي التي تنهمر بسرعة مملة هل أحتاج لك في كل شيء متعب، أم حبي الذي وسع الدنيا كلها لك لم يكن كافٍ؟

أحيانًا أود أن أعتذر لك أشعر وكأنني أنا السبب في ابتعادك عني، قد يكون طبعي صعب قليلًا عنيدة في بعض الأوقات، ولا أحتمل المزح الثقيل، ولكن أقسم بمن أحل القسم حبي لك كان أكبر من كل شيء لم أكن سيئة، ولكن أحببتك أكثر مما ينبغي، وأحببتني أقل مما أستحق.

الكاتبة/ ندا السيد سعد

"أستسلم"

اشتقت إليك أحاول الكذب على نفسي، ولكنني أفشل أحاول إشغال نفسي بأي شيء، ولكنني أفشل لأعود إلى فراشي باكية، أدعي ان تعود، رغم بعدك عني إلا أنني أشعر أنك قريب مني حين أدعو لك، تحضنك دعواتي دومًا، وحين أخبر نفسي أنني لن أدعو لك، ولن أفكر بك أعود ساجدة باكية أن يغفر لي الله، إن كنت سوف تغادر علمني كيف أنساك، أخبرني بشيء، لا تجعلني معلق بين أنساك وأنتظرك، كنت ولا زلت أود إخبارك ماذا حدث في يومي أخبرك كيف بدأت الكتابة، وكيف كانت كتاباتي أخبرك عما يحزنني، أخبرك مدى حبي وشوقي لك، أرجوك لا تطيل المغادرة قلبي يحترق يريدك، ليت بإمكاني ان أعبر لك عن مدى حبي، ولكنك غادرت مسرعًا حتى لم يتسنى لي أن أرى وجهك الحسن.

الكاتبة/ ندا السيد سعد

لست بالفتاة المثالية

لا أريد أن تروني هكذا أنا فتاة بسيطة للغاية تقف في منتصف الأشياء كلها فلست بالفتاة الملتزمة، ولكني في جهاد مستمر لنفسي أخطائي كثيرة ولا تنتهي، ولكني أرجو الله التوبة دائمًا والمغفرة، لست فائقة الجمال، ولا يهمني أن اؤمن بالجمال الروحي، ولا يعنيني الظاهر.

لست بدون عيوب، لكني أؤمن بأن خلق الله فينا النقص فالكمال لله وحده، مزاجية وترهقني حتى التفاصيل الصغيرة، وربما تؤرقني مجرد كلمة عابرة، ولكن لديَّ قلب جميل لا يعرف الزيف في المشاعر يحب بصدق، ويبذل كل طاقته في إسعاد من يحب قلبي بسيط لا يعرف الخصام يصفو ويسامح سريعًا.

الكاتبة/ ندا السيد سعد

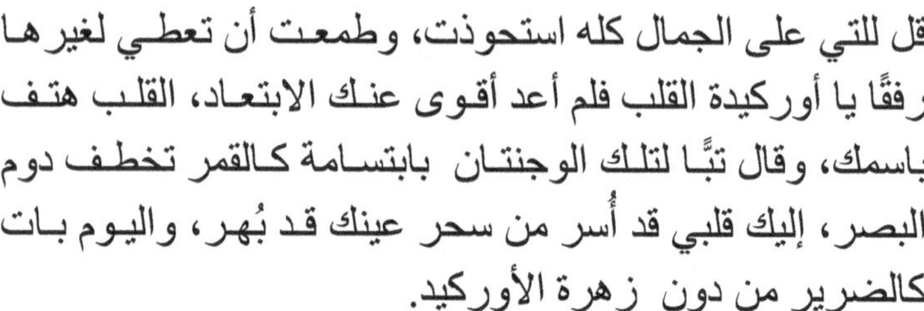

قل للتي على الجمال كله استحوذت، وطمعت أن تعطي لغيرها رفقًا يا أوركيدة القلب فلم أعد أقوى عنك الابتعاد، القلب هتف باسمك، وقال تبًّا لتلك الوجنتان بابتسامة كالقمر تخطف دوم البصر، إليك قلبي قد أُسر من سحر عينك قد بُهر، واليوم بات كالضرير من دون زهرة الأوركيد.

الكاتبة/ دنيا الأسود

✿✿✿

يا لها من ذكرى مؤلمة، تلك الذكرى التي تجمعنا سويًّا في مخيلتي، أراكِ كالقمر المتلألئ، وكالنجوم المظلمة... أراكِ في كل حلمٍ فيقلب كابوسًا رعبًا... أنا ذاك النذل الذي تخلي عنك يا فاتنتي... كنت مغفل لا أعي أي النساء أمتلك... ظننت أنني سأستطيع نسيانك بأحدهم فكنت أتذكركِ مع كل همسة منهما... كنت أتذكر في كل نفسٍ أزفره حين أشرب السجائر... كنت ذاك الدخان الذي أخرجه أملًا في أن أحيا فكنت أمت... كنت أظن أنك تلك المرأة التي خلقت للحب لا للزواج... خلقت كي تكون ذكرى مؤلمة في خاطر أحدهم... وكنت كالعادة مغفلًا أرجوك من جاه سلطانة قلبي السماح المجمل للكل ما قد رأته في حياتها معي.

الكاتبة/ دنيا الأسود

آسف لأجل نفسي كثيرًا، قد تحملت من الأعباء ما يفوق قدرتها على التحمل والمثابرة، قد علم الفؤاد بأن العقل قد شل من التفكير المفرط، فحاول مرارًا التصرف، واستلام زمام الأمور ولكن وبكل أسفًا قد فشل؛ آسفًا لأني قد تحاملت على ذاتي المجلدة حتى طلبت النجاة، والله لم أكن أريد سوى حبًّا واهتمام، وليس مذلة وانكسار.

الكاتبة/ دنيا الأسود

✿✿✿

قولوا لها لا تحزني... من يتوجب عليه الحزن هو ذاك الغبي... من يترك زهرة مثلكِ، أجُن أم أفقد البصر... أنتِ الجمال وبجوارك يكمن الأمان... لا أرَ ذاك الفتى سوى أنه أحمق مدلل... قد ترك الجنة ونعيمها وذهب للجحيم راكضًا... تقول لذاتها... بماذا أذنبت... حب وقد أحببتك ... إخلاص وقد كنت أكثر شخص مخلص لك... أذنبي أنني وثقت بك... لما تبخرت مثلما يتبخر الماء بحثت مليًّا عنك، ولم أجد لك طريق... قلبي أضناه الفراق، وتعب من فرط الاشتياق إليك أهدي كلماتي يا من أحببت دون إرادة... إن غاب ذاك المحبوب فلتعلمي أن لم يكن يملك من الحب شعور... الحب يكمن في كل شيء إلا الابتعاد فكُفي عن اختلاق الأعذار لمن رحل دون إنذار.

الكاتبة/ دنيا الأسود

مرحبًا إن الحياة الظالمة جعلت مني مجرمًا، يتلذذ بانكسار من حوله، يسعى لفساد حياة من هم أفضل منه، حقودًا، غيورًا، وحاسدًا لما من الله عليهم من نعمةٍ لا أملكها، أقسم لكم أنني في يومٍ ما كنت مثلكم محبٌ للحياة .. ولكن قد كُسر قلبي، ولم يجبر فتسبب بإعاقة في المشاعر مدى الحياة .. لا تلؤمن من جرحكم من يجُرح لا يبالي بمن فعل قدر أهمية السبب ... ولكن هذه هي الحياة تعطي السعادة لنا، وتنزعها منا عنوةٍ، لا تلؤم ذاك الجارح فهناك من جرحه، وجعل منه مجرمًا".

الكاتبة/ دنيا الأسود

✿✿✿

من الخاسر

«أتعلموا من يخسر دائمًا؛ ذاك الذي يعطي من لا يستحق مكانة لا تليق به، أو يعطي من دون مقابل، كثرة العطاء لمستغلين المشاعر تجعل المنية فرض واجب، أتخذ كلماتي قاعدة، وستجد من قال لك أن لا قيمة لك يعاتبك أنك لم تعد مثل سابق عهدك.

الإفراط في الحب يولد الضجر، والإفراط في العطاء يولد الجشع، الصمت عن حقك يجعلهم طامعين، والإيثار دون سبب.. يجعل منك شخص مضمون لهم سينفرون منك ويركضون خلف من لا يعيرهم انتباه، دع لشخصك مساحة؛ كي تبدع فكثرة الآراء تولد الشقاء».

الكاتبة/ دنيا الأسود

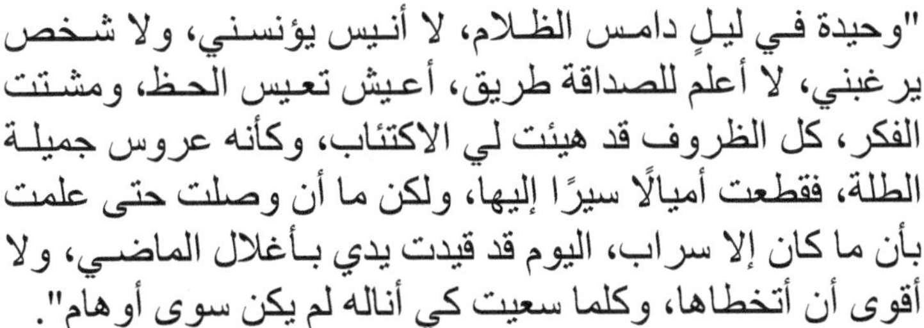

"وحيدة في ليلٍ دامس الظلام، لا أنيس يؤنسني، ولا شخص يرغبني، لا أعلم للصداقة طريق، أعيش تعيس الحظ، ومشتت الفكر، كل الظروف قد هيئت لي الاكتئاب، وكأنه عروس جميلة الطلة، فقطعت أميالًا سيرًا إليها، ولكن ما أن وصلت حتى علمت بأن ما كان إلا سراب، اليوم قد قيدت يدي بأغلال الماضي، ولا أقوى أن أتخطاها، وكلما سعيت كي أناله لم يكن سوى أوهام".

الكاتبة/ دنيا الأسود

✿✿✿

"قد علم الفؤاد أن لقلبك أذان تسمع ندائه الدائم، أعلم أني قد أخطأت بإيصال ندائه إليك، ولكن ذاك المعذب قد مل انتظار إجابتك، قد بات كالمجنون يعنفني، ويلقي عليا اللوم ولكن آسف.. فاللوم عليكِ وليس عليَّ ... ما الداعي بأن تجتنبي الإنصات لقلبي لحوح السؤال ... ألم تلاحظي كم بات متيمًا ... أصدمت من هذا!.

آسف فاللوم عليك، وليس عليَّ ما الداعي تكونِ برقتك زهرة أوركيد ناعمة... براءتك سلبتني عقلي ... عفويتك ملأت قلبي بهجة وسرورًا وسعادة

عذرًا!! فعيني بجمالك دهشت، وقلبي يتعلق أكثر ما دام يراك يا أنستي، لا أصدق أنك بشرية فجمالك أخاذ جدًا، ويحي ما هذا يا فتاتي بالله دلالك أرهقني لا داعي لي نظرة تقتلني يكفيني كلمة تهاديني".

الكاتبة/ دنيا الأسود

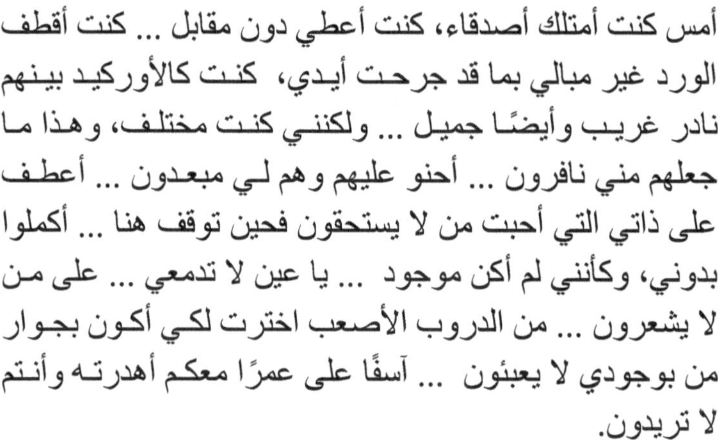

أمس كنت أمتلك أصدقاء، كنت أعطي دون مقابل ... كنت أقطف الورد غير مبالي بما قد جرحت أيدي، كنت كالأوركيد بينهم نادر غريب وأيضًا جميل ... ولكنني كنت مختلف، وهذا ما جعلهم مني نافرون ... أحنو عليهم وهم لي مبعدون ... أعطف على ذاتي التي أحبت من لا يستحقون فحين توقف هنا ... أكملوا بدوني، وكأنني لم أكن موجود ... يا عين لا تدمعي ... على من لا يشعرون ... من الدروب الأصعب اخترت لكي أكون بجوار من بوجودي لا يعبئون ... آسفًا على عمرًا معكم أهدرته وأنتم لا تريدون.

الكاتبة/ دنيا الأسود

✿✿✿

«لا أحزن سوى على قلبًا خشيَّ أقاويل الجهلاء، وكان للصواب تارك ... ذاك قال وتلك انتقد، وهذا يحبني، وذاك يكرهني، وهذا يغار مني لأنني الأفضل، أنشغل تفكيرنا بأشخاصٍ لا يشغل بالهم إلا أذيتنا ... أننسى بأن هناك رقيب على كل حركة وكلمة ننطقها ... أو لم تكن الكلمة الطيبة صدقة ... لما باتت القلوب بخيلة ولا تتصدق ... لم باتت وجوهنا عابسة طوال الوقت في حين أن الابتسام أفضل وأجمل ... لم فاض الحزن قلوبنا حتى غطى على رقته وحنانه ... ألن يشرق الصبح، ويقتل ذاك الليل المدلهم على حياتنا أم لم يآن الوقت بعد».

الكاتبة/ دنيا الأسود

أحبك

«لديَّ قلب كان بالجميع مغرم، ولا يعلم للصدق طريق، أذهب لتلك وأواعد تلك، أقسم لتلك أن قلبي لا يهوى سواها، ولكن حين رأيتك جن جنوني، بت أفكر كيف لي أن أصبح شخصك المفضل الذي تتمني أن تجلسي معه تحت القمر، وتعبري له عن مدى حبك له، ولكن كيف لشخص كان مستشارًا للعاطفة والرومانسية أن يجلس أمامك كالهرة خائف أن يعاقب، أنتِ الحياة ولأجلك خلق الحياء... تيمت بتلك العفوية ذات الأسرار المخفية، والعيون العسلية أحبك يا أوركيدية في خصالك وسماتك، أحبك يا أوركيدية، وأنتِ مثلها نادرة فكيف أجد من يحنو عليَّ كالطفل وأتركه، أحبك يا أوركيدة القلب، التي ما أن جاءت حتى انطفى بريق الجميع سواها، وبت ليلًا أجد لقلبي الونس».

الكاتبة/ دنيا الأسود

«عشقي أنت ومعشوقي من دونك لا أجد لقلبي ونيس، أسير مغطى العينين، وكل الطرق تقودني إليك، لم أقوَ الابتعاد، أنت أماني تحققت بدعاء، وسجود، وقيام ليل، فلا تبتعد عني فإن كان ينقص قلبي شيء في غيابك فهو دقاته فقد يتوقف عن الخفقان في حال ابتعادك عنه، وهجرك لي فلا تفعل أقول لك ذلك راجيه، أنت آمال تحققت، والألف جيم فبات جمال روحك ضياء لي في عتمة الطريق، وبات قلبك ضالتي».

الكاتبة/ دنيا الأسود

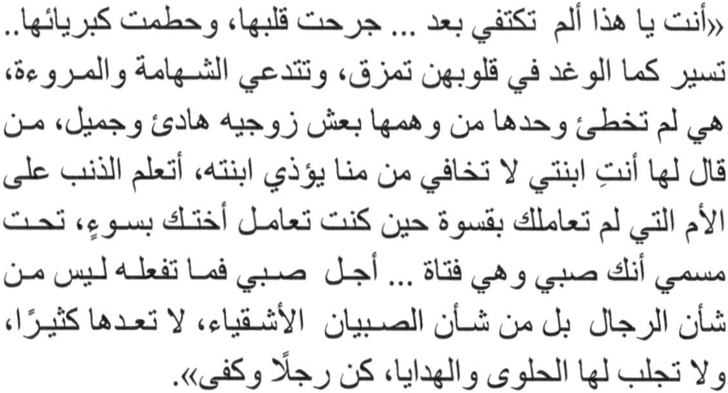

«أنت يا هذا ألم تكتفي بعد ... جرحت قلبها، وحطمت كبريائها.. تسير كما الوغد في قلوبهن تمزق، وتتدعي الشهامة والمروءة، هي لم تخطئ وحدها من وهمها بعش زوجيه هادئ وجميل، من قال لها أنتِ ابنتي لا تخافي من منا يؤذي ابنته، أتعلم الذنب على الأم التي لم تعاملك بقسوة حين كنت تعامل أختك بسوءٍ، تحت مسمي أنك صبي وهي فتاة ... أجل صبي فما تفعله ليس من شأن الرجال بل من شأن الصبيان الأشقياء، لا تعدها كثيرًا، ولا تجلب لها الحلوى والهدايا، كن رجلًا وكفى».

الكاتبة/ دنيا الأسود

✿✿✿

«يا رفيقة دربي ... اطمئن لن أخذلك، ولن أمل من حديث للمرة الألف قد سمعته، يكفي أنك تركت الجميع وجئت لتحتمي، اعتدت أن أؤذي الذي يفكر أن يؤذيك أنت، أنت لي وحدي فقط، لا حق لغيري بأن يحبك أو يكرهك لا يحق لشخصًا سواي أن يحمل لك مشاعر مهما كانت هوايتها، لن أميل لحب أحدهم أنتِ أنثي جمعت صفات الإناث جميعًا لا يوصف، كوني لي أميرتي، وسأكون لك الحصن المنيع الذي ستختبئ به، أنتِ لي واكتفيت بك يا أوركيدة القلب الجميلة».

الكاتبة دنيا الأسود

«دعونا نتفق أن الجميع لديه جزء مظلم، لما بات الجميع يسلط الضوء على هذا الجزء، ويترك ما بالمرء من خصال طيبه، إن لم يكن هذا ابتلاء من المبتلى فماذا يكون .. لا تقلقي لديَّ الحل يا حورية ... دعي من يتكلم ويسئ الظن بك يفعل ما يشاء ... كفاه عقاب المنتقم الجبار ... ابتسمي ولا تضحكي ... افعلي ما أؤمرتي، ودعي الباقي عليه ... اخفضي صوتك ... ارتدي زي التقوى، ولا تعرضي جسدك المصان إلى نظرة استهجان ... فحسبي الله في من كان للمرأة ناظرًا نظرة خبث وحقد حين نجاحها».

الكاتبة/ دنيا الأسود

✿✿✿

«إن ذاك الفتى الذي يتحدث باسم الحب؛ ليغويكي ومن ثم يتركك وبداخل قلبك هذا الألم لا يستحق سوى الشفقة، هو لم يتعمد جرحك، فقط أراد أن يثبت لمن حوله أنه أيضًا قوي، ورجلًا يستحق الأفضل من تلك التي جعلت من نفسها نزرًا، وسيذهب لتلك العفيفة الغالية التي قامت بحرمانه من كل ما قدمتيه أنتِ، ستشعري كم أخطأتِ عندما تجدي أنه فقط، كان يتسلى بفتاة زهيدة الثمن لا أكثر، وأنكِ كنتِ فقط قطعة حلوى دون غلاف فجاء إليكِ كباقي الذباب يا حمقاء ... من يحب لا يشتهي من أحب إلا في عش الزوجية يا حلوتي».

الكاتبة/ دنيا الأسود

«عزيزتي الحمقاء ... أنا ذاك الفتي الذي قمت مواعدتك يومًا ما، أتيت إليك ببعض النصائح كي لا تقعِ في ذاك الفخ مرة أخرى...

أتذكرين غيرتي عليكِ، وحبي لك وهمساتي التي تيمتِ بها كانت خدعة، كنت أفعل هذا الأمر مع عشرات البنات ... لا علاقة له بحبي لك، فغرضي كان أقبح من أن أفسره لك، أيضًا أول موعد بيننا، أتذكريه قد قمت بإخبار أصدقائي أنني سأقابلك، ووصفتك بأسوء الكلمات، ومن ثم أقسمت لك أن لا أحد يعلم؛ ولأنك حمقاء صدقتني، أتذكريني رسائلنا المشعة بمشاعر الحب وصورك التي أقسمت أني سأحذفها ... قمت بجعل صديقي يراها، وسمعت رأيه بجسدك وبكِ، ولم أبالي فما شأني، لا تلوميني أنتِ الحمقاء، من يصدق شاب في زماننا هذا لن أعتذر، وغير آسف على كسر قلبك أنتِ الملامة وحدك».

الكاتبة/ دنيا الأسود

✿✿✿

إن وجدت من يتعمد أن يهين كرامتك... انظري إليه واضحكي... استمري لا تتوقفي... دعي الرعب يدب في أوصاله... دعيه يخشى أن يكون قد أصابكِ الجنون... دعي للضحك العنان؛ كي يمحي جميع الأحزان... هو يبري العلل، ويصلح ما لم يفسده يومًا فاضحكي...

الكاتبة/ دنيا الأسود

«أيها الليل المدلهم كفى، ألم يحين أوان بزوغ الفجر، أقسم أني لم أعد أقوى على تحمل أخطاء غيري.

ما ذنبي! خلقت أنثي، وكانت هذه مشيئة ربي فلما أعاقب على ما لا علاقة لي به، إذا بكيت نعت ضعيفة، وإذا بالصبر تحليت نعت بالقاسية ذات قلبًا كالحجر، اتقوا يومًا لا رأيًا فيه سوى للعليم بذات الصدور، أنتم بشر مثلي مثلكم، لا مكان للملائكة على أرض الرحمن يا إخوان».

الكاتبة/ دنيا الأسود

✿✿✿

في يومٍ سأبتسم... سأمحو كل ما مضى... سأخرج للعالم ثانية، سأجد لقلبي ربيعًا يذيب كل ثلوجه.... لا أقوى علي النظر لذاتي بمرآة الروح... ماذا أيوجد للروح مرآة؟!

أجل للروح مرآة تكشف كل ما يختبئ خلف تلك الملامح القاسية... هناك من ابتلى وصبر، وهناك من أُبتاع وغُدر به... هؤلاء حين ينظروا في المرآة نجد أرواحهم تصرخ، وتستنجد بمن هم أهلًا للثقة والاطمئنان... أنا من هؤلاء... أنظر بها وكلي يقين بأن في يومٍ ما سأجد ضالتي، وأعثر على معالم وجهي الذي أبهم آثار الألم... سأجد من يجعلني أبتسم، كذبت وأعترف حينما قلت بأني على ما يرام، وأني لا أحتاج لشيء.

الكاتبة/ دنيا الأسود

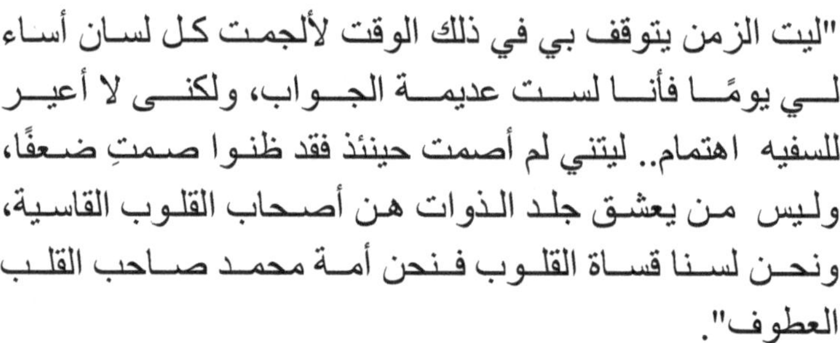

"ليت الزمن يتوقف بي في ذلك الوقت لألجمت كل لسان أساء لي يومًا فأنا لست عديمة الجواب، ولكني لا أعير للسفيه اهتمام.. ليتني لم أصمت حينئذ فقد ظنوا صمتِ ضعفًا، وليس من يعشق جلد الذوات هن أصحاب القلوب القاسية، ونحن لسنا قساة القلوب فنحن أمة محمد صاحب القلب العطوف".

الكاتبة/ دنيا الأسود

✿✿✿

في يومٍ سأبتسم، سأمحو كل ما مضى، سأخرج للعالم ثانية، سأجد لقلبي ربيعًا يذيب كل ثلوجه، لا أقوى على النظر لذاتي بمرآة الروح، ماذا أيوجد للروح مرآة؟!

أجل للروح مرآة تكشف كل ما يختبئ خلف تلك الملامح القاسية، هناك من ابتلى وصبر، وهناك من أُبتاع وغُدر به، هؤلاء حين ينظروا في المرآة نجد أرواحهم تصرخ وتستنجد بمن هم أهلًا للثقة والاطمئنان، أنا من هؤلاء، أنظر بها وكلي يقين بأن في يومٍ ما سأجد ضالتي، وأعثر على معالم وجهي الذي أُبهم آثر الألم، سأجد من يجعلني أبتسم، كذبت واعترف حينما قلت بأني علي ما يرام، وأني لا أحتاج لشيء، كوني أنثي، أحتاج البكاء والنواح وإخراج ما بجعبتي من أحزان.

الكاتبة/ دنيا الأسود

"وسُئلت عن حبي لكِ، فقلت ما شأنكم أحببتها... كالقهوة هي حين تبتسم جميلةٌ، ومرارة القهوة تزول بنظرة من عينها الكحيلة، أعطوني من قهوتيها كؤوسًا مُمتلئة... وسأحتسيها أملًا في حبها، بنت اليمن أنتِ حبيبتي، ورفيقتي لا تقلقي من حب لك، ولا تجزعي.

أنتِ الوقار في كل قاف قلتها في كل تشبيهِ جميلًا شبهتِ به .. أنت الأمان، وفي حضن يديكِ يكمن جمالًا لطالما حلمت به، أنتِ العناد والانصياع في جملة عشقت تضاد الكلمتين، ورحبت بمعاني عشقٍ لم أكن يومًا من دونك أؤنست به".

الكاتبة/ دنيا الأسود

✿✿✿

قالت كفاك كذبًا وتزييفًا... أتظنني حمقاء لتسد لي السم بقطعة الحلوى، ولن أجد للفهم طريقًا.

أطرقُتُ، ثَمَّ نِظُرتُ لَعُيَوْنِها وصمتُ لا أدري تلك المرأة أي الجراح ذاقت كي تدعي القوة وكالهشيم باتت... أظنها جرحت بنصلٍ داميّ لحبيبٍ كان جاهلًا...

لا يفقه للمروءة معنى، ولا يدرك للحب طريقًا، عن أي سمٌ يا حلوتي تتحدثي؟!، لا تغلقي قلبك خوفًا ممن خذلك، ذاك الملام يا حلوتي ... من قال له أن يضيع وردة، وإن أضناه الجفاء الحب يرويها ... أنتِ كالأركيدة حين تبتسمِ ... لا وربي لا أجامل فأنا لا أعرفُ للعزل طريق.

الكاتبة/ دنيا الأسود

«أكتب إليك كلماتي بقلبًا يشوبه حزنًا، لم أجد وصفًا له، والله يا حبيب الروح ما أبعدني عنك سوى خوفي من الله ... من منا يقبل أن تفارقه روحه عاصيًا يا رفيق الدرب، لا تلوم فتاتك بل قم بلوم الظروف، إن الذي أخبرك بأنني من دونك سعيدةٌ خسأ فمن دونك أنا أحتضر ولا أقول، في منامي وصحوي لا أجد مهرب من ندائك المعاتب لي، انا لن أعتذر فمن منا يعتذر إن أصاب، إليك منزل والدي ادلف إليه إن اشتد بك الاشتياق ... لكن إن لم تشاء، فأنا آسفة علي ما أنا فاعلة يا حبيب الروح، وأن أعترض قلبي على قراري سأخمد دقاته، وأغرس به سهم التجاهل».

الكاتبة/ دنيا الأسود

انتقى موضعك

المرء في غير موضعه لا قيمة له، ونحن من ننتقى موضعنا، فانظر إلى حال الورق بإمعان: فإما مخطوطات بمتاحف عالمية وإما قصاصات لمراكب ورقية. فانتقى موضعك.

الكاتبة/ رحمة عبد الله.

✿✿✿

القلب وما يهوى

(القلب وما يهوى) تُقال لكل مكبلٍ بسجن الحب من طرف واحد، منتظرًا أن يُنظر في أمره، إما بإعدام الروح وإما ببراءة القلب، ولكن تذكر دومًا أنا العاشق لين وليس بذليل، فالحب بلا كرامة كفارس بلا جواد، فلا تسمح لنفسك أن تكن محطة قطار قديمة ومتهالكة قد هجرها الجميع بلا سابق إنذار، وحتى قطار الحب هجرها بكافة راكبيه.

الكاتبة/ رحمة عبد الله.

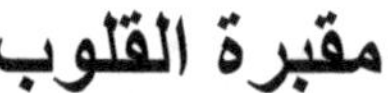

مقبرة القلوب

القلب أعز ما يملكه المرء، وهل يُصاب المرءُ إلا في قلبه؟! فالقلب إن تركته وأهملته تآكل كما يأكل الصدأ الحديد، فحافظ على ماء قلبك، واعلم أن تعبئته بقارورة مدى العمر أهون من ري نبتة بلا روح، فمن الآن قم وفتش عن حال قلبك فلعله ينزف بلا إنذار، وصدقني عزة كرامته تأبى أن تُنذرك بالرحيل، ولو كانت نهايته مقبرة القلوب.

الكاتبة/ رحمة عبد الله.

لمن يهرع المرءُ؟

تعلم لمن يهرع المرء أولًا؟

يهرع المرء لمن يُحب، فالحب ملاذ المرء الأول والأخير، وكأنه سحر تعاويذه مضمونة المفعول وتُرتل بثقة، ولكن احذر فقد يُصبح سحرًا أسودًا أو بيوم وليلة ينقلبُ السحر على رأس الساحر.

الكاتبة/ رحمة عبد الله

متى تسطعُ شمسك؟

انظر لشمس الخالق، فهل غابت يومًا عن السطوع أو تكاسلت مرة عن الصعود؟ ألم تخجل من نفسك، ومن ظلام يأسك؟ متى تسطعُ شمسك؟ كيف تنتظر المعجزة، وأنت المعجزة يا داهية عصرك؟ قم وحقق أحلامك، واغتنم الفرصة قبل أن تجد نفسك مجرد أداة لأحلام غيرك.

الكاتبة/ رحمة عبد الله

أحلام

صرتُ أخشى النوم، فعقلي حتمًا قد جُن، وأحلام الماضي قد اختلطت بأحلام اليوم، أما أحلام المستقبل أصبحت بلا سماء ولا أرض، وكيف أحلم بلا وطن ولا أهل؟ فقد تآكل كل شيء بلا هدف ولا وعي، فعُدْ أيها الوطن الضائع فلعل بعودتك تعود أحلام الغد.

الكاتبة/ رحمة عبد الله

يا ليتها تعود!

نجلس على حافة كرسي خشبي بعيون مضطربة، وبقلب كاد يتوقف من شدة الخفقان، ونُحلق بأعيننا على تلك الأبواب المغلقة فقد يلعب الحظ لعبته، وتُفتح أحدهما صدفة، وننبهر في كل مرة يكسر أحدًا بابًا من أبوابه مرددين (فكيف لم يهاب الفشل يومًا؟) وتمر الأيام علينا مرور الكرام فتُصبح أمانينا مجرد نقطة ببحر ذكرياتنا، فيا ليتها تعود يومًا فنكسر ألف باب بدلًا من حالة الندم تلك.

الكاتبة/ رحمة عبد الله

جروح غائرة

أصعب الجروح تلك الجروح التى تُصاب بالروح؛ ليس لأنها تجعلكَ غربالً من كثرة الألم والأنين؛ ولكن لأن لا دواء لها، فتظل تنزف بلا ضمادة صارخًا: (أعطوني مسكن فلم أعد أحتمل الألم)، وتخشى أن تُخبر أحدًا بأمنيتك المستحيلة؟، فهل هناك دواء لجروح روح تتلفظ أنفاسها الأخيرة، فتجلد يا فتى، ولا تئن فنظرة ريبة أهون مائة مرة من نظرة شماتة أو شفقة).

الكاتبة/ رحمة عبد الله.

ليلة شتاء.

كانت ليلة من ليالي الشتاء الباردة، وجلست أتناول رشفات قهوتي بنافذة غرفتي، ولم تكن نسمات الهواء الباردة هي من تُنغص على مذاقها الجميل، ولكنها ذكريات الحنين لأيام رحلت وأبت أن تعود يومًا لي، فما هو ذنبي لكي أعيش وحدي؟ هل أخطأت حينما أحببت بوفاء فكان قلبي هو معضلتي؟ أم أذنبت ذنبًا فكان الجزاء من جنس عملي، وقمت أتفحص ألبومات صوري متسائلة: من هذه التي لا تُشبهني؟!.

الكاتبة/ رحمة عبد الله.

أين أنتِ؟

أين أنتِ يا نفسي؟ إلى أين ومتى ارتحلتِ؟ فقد هجرني القريب، ولم يعد لي أقرب منكِ، وغدر بي الصديق فصرتُ وحدي، فقد أكتفيتُ والله من الضياع فهل أنتِ اكتفيتِ؟.

الكاتبة/ رحمة عبد الله

وجوه

أصبحنا بزمن الآخرين، ولكلٍ منا ألف وجـه، ووجهًـا واحـدًا قـد صار من عيب، ولكن إن استصعب عليك الأمر فلا يهم، فارتدي الوجه الأنسب لك، واحذر فـلا تكـن لينًـا وقـت الجـد، ولا صـلبًا وقت اللعب.

الكاتبة/ رحمة عبد الله

✿✿✿

بقايا أمل.

مهلًا فأنت لها: ولمَ لا تُبادر هي تلك المرة، وتُصبح لي

فهل أنا لا أستحق؟ أم لا بد أن أعيش ببقايـا أمـل، وغيـرى يأكـل وجبة الحياة الطازجة؟

فمن اليوم لن أسمح لأحد أن يمـن علـيَّ ببقايـا حطامـه المهرتلـة، ولو أُغلق الباب في وجهي سأصنع ألـف بـاب أفضـل منـه، ولـو كلفني الأمر صعود الجبال فها أنا قد سئمت عيشة البرك.

الكاتبة/ رحمة عبد الله

شجرة بلا جذور

كيف حالك يا بُنى؟

ألم تشتاق لقلب أمك المكلوم عليك؟! أم قد نال الزمان منك أجمل نيل؟ بالله عليك لا تنساني، فقلبي يخفق باسمك كل يوم، وصرت بعدك شجرة بلا جذور، فلا ثمار ولا ظلال حتى تعود، فعُد يا حبيبي فلعل بعودتك يعود ربيعي.

الكاتبة/ رحمة عبد الله

✿✿✿

اللهم اجمعني بضالتي

جلستُ على سجادة صلاة قد تغير لونها من كثرة البكاء، وتبدل ملمسها من كثرة القيام، فها أنا فقدت كل شيء بلمح البصر، وتوهمت أنني ربما ما زلت برحم أمي، ولكن كيف وأنا أشعر بهذا الضيق من حولي؟ تذكرتُ حينها دعاء لجدتي (اللهم اجمعني بضالتي)، ولكن ماذا يفعل من ضل قلبه طريق النور؟! فارتب على قلبي يا الله فقد أصبح هو ضالتي.

الكاتبة/ رحمة عبد الله

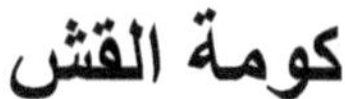

كومة القش

نبحث عن نفوسٍ نقية، وكأننا نبحث عن إبرة بكومة قش، فلا وجدنا الإبرة، ولا نستطع إحراق القش.

الكاتبة/ رحمة عبد الله

✿✿✿

أنت وحدك

من ذبحكَ بدمٍ بارد أنت وحدك من انحنيت له، ومن ظلمك أنت وحدك من أعطيته سوط الظلم، ومن استغل طيبتك أنت وحدك من علمته كيف يستغل، فانظر بما اكتسبت يداك فأنت وحدك ما فعلت.

الكاتبة/ رحمة عبد الله

الفرصة الثانية

جميعًا نستحق الفرصة الثانية، فالعظم المكسور بعد الجبر أقوى من العظم الذى لم يُكسر، ولكن الفرصة الثانية ستظل ثانية، والعظم المكسور مهما كان قويًا سيظل صدى كسره، وأنين ألمه مختزنًا بصندوق الذكريات، فلا تستهزأ بفرصتي الثانية فلعلها فرصتك الأخيرة، فاغتنمها تلك المرة فربما لا تعود.

الكاتبة/ رحمة عبد الله

✿✿✿

أميرة متوجة

أنا أميرتك المتوجة يا عسكري رقعة الشطرنج، فإن أردت اللعب معي تجنب نظرات عيوني، فهي وقت الجد بألف سهم، ولا تستهين بنقاء قلبي فلو غدرت به مرة شنقك بشرايينه مئات المرات، أنا جميلة أمس وأميرة اليوم وملكة الغد، فإن أردت زيارة قلبي ذات يوم، أسرع بخطاكَ إلى أبي، فهل يُنجب الملك إلا أميرة متوجة؟!.

الكاتبة/ رحمة عبد الله

سرطان الروح

شعرت بالأرض تهتز تحتِ، وكأنها أبت أن تمن عليَّ بتوازنها الخفي، فهل أنا أُصبت بهذا المرض اللعين؟! أم هو مجرد كابوس سيء سرعان ما سأستيقظ منه بمجرد نهوضي؟

إحساس صعب عندما يتأكل جسدك يومًا بعد يوم، وتخور قواه، وكأنه شعب قد تمرد على حاكمه في يومٍ عصيب، سرطان الجسد هين، ولكن أين المفر من سرطان الروح؟

حينها أنت لست بحاجة لدواء أو بديل، ولكن بحاجة لحضن من حبيب أو قلبٍ رحيم.

الكاتبة/ رحمة عبد الله

✿✿✿

ظننتكَ خيرًا

ظننتكَ خيرًا وما كنت إلا شرًّا، أتذكر قيامي ليلًا داعية الله أن يجمعنا تحت سقفٍ واحد، فجئت لصًّا محترفًا وساحرًا بارعًا فسلبت القلب، وسحرت العقل، وها هي النتيجة جثة هامدة لا تصلح لغيرك، استيقظ يا فتى من أحلام يقظتك، فإن أردت الرحيل ارحل بلا وداع، فمرضي بعدك لا أمل فيه، ولكن ألقي نظرة أخيرة لمرآتك الضبابية فهل تبكي الأميرة يومًا على جندها المرتزق؟! فلعل لقاءنا درس حياتك المنتظر.

الكاتبة/ رحمة عبد الله.

ولا تحسبنَّ الفراق هينًا

لا تحسبنَّ الفراق هينًا، والله ما هان ولن يهون يومًا، كل ما في الأمر أن عليَّ التجلد والتصبر، ليس من أجلي فأمري والله هين، ولكن من أجل من أحببت، فإن استقمت استقاموا، وإن ملت مالوا.

الكاتبة/ رحمة عبد الله.

✿✿✿

قطعة القلب

الصديق قطعة القلب، وصنو الروح، الصديق بئر لأسرارك ووصال لكيانك، فلو عكر صفو بئرك بخبيث صنعه، فلا وصال ولا أمان بعد اليوم، فقم وتوضأ وصلى ركعتين، وعدّه من الأموات، وهل يُحيا الميت إلا بمعجزة من رب السموات؟! فلا عليك يا فتى، أنت والله لها.

الكاتبة/ رحمة عبد الله

حبال القلب

أتعجبُ والله من طبيعة بعض الناس، فهم يُكبلون أحبائهم خوفًا من سموم الوحدة القاتلة، ولا يعلمون أن جدران الوحدة أهون ألف مرة من صديق سوء أو حبيب مستغل يمتص دماءك بلا ضمير، فمن عزم على الرحيل سيرحل، ولو كبلته بقيود العالم أجمع، ومن اشتهى البقاء سيبقى وحبال القلب تكفيه.

الكاتبة/ رحمة عبد الله

ليتك تسلم.

أين السبيل لرضاهم؟ فهم ثقوبًا سوداء تأكل نجوم الراحة وكواكب النعيم، فلا السكير يعجبهم ولا التقي سلم من لسانهم، وكأننا نطلب بيضة ديك يأس من الخلاص، والله يا فتى لو نضجت لك أجنحة ملائكية (ليتك تسلم من آذاهم)، فلا تجعل رضاهم هدفًا، فمن كان لله لن يضيع يومًا.

الكاتبة/ رحمة عبد الله

اللهم جنتكَ

الحياة رحلة شاقة ومتعبة، والمضمار الوحيد الذى يُستحق التنافس من أجله (جنة الخُلد)

في الجنة/ لا أحقاد ولا أحساد

في الجنة/ لا عيون باكية، ولا قلوب صارخة

في الجنة/ لا إنحناء ظهر ولا وهن عظم

في الجنة/ لا قوانين رادعة ولا حقوق ضائعة

في الجنة/ لا فراق ولا وداع

فاللهم جنتكَ

الكاتبة/ رحمة عبد الله

وكلما رحلتُ عنك

تفقدتُ جسدي ..

ورغم شعوري بنبضه بين ضلوعي

إلا أني أعرف يقينًا أن قلبي بحوزتك الآن

تقلبه بين كفيك، وتُرسي حُكمك وتهيمن عليه

كوطنٍ مُحتلّ .. تنتشله مِن المُغتصب لأرضه لتعلوه سيدًا

لك خفة يد رائعة في سرقتي .. والاستيلاء علىٰ كُل ذرة بِداخلي.

الكاتبة/ مريم شعبان

✿✿✿

أُسابق الزمن كومضةُ برق

في العدو تجاه أحبتي

فيردني خاسئًا ..

مدحورًا بين سحابه

بإعراضهم عني

أوزع الحُب أطنانًا ..

ولا أنال سوىٰ الفُتات.

الكاتبة/ مريم شعبان

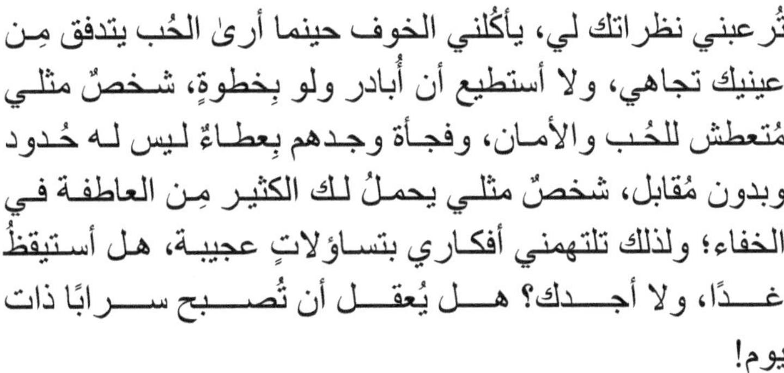

تُرعبني نظراتك لي، يأكُلني الخوف حينما أرىٰ الحُب يتدفق مِن عينيك تجاهي، ولا أستطيع أن أُبادر ولو بِخطوةٍ، شخصٌ مثلي مُتعطش للحُب والأمان، وفجأة وجدهم بِعطاءٌ ليس له حُدود وبدون مُقابل، شخصٌ مثلي يحملُ لك الكثير مِن العاطفة في الخفاء؛ ولذلك تلتهمني أفكاري بتساؤلاتٍ عجيبة، هل أستيقظُ غدًا، ولا أجدك؟ هل يُعقل أن تُصبح سرابًا ذات يوم!

الكاتبة/ مريم شعبان

✿✿✿

أسيرُ عكس القَافلة

ولستُ أدري أعلى صوابٍ أنا

أم علىٰ خطأ

زرعوا الشك بِداخلي مُنذ نُعومة أظافري

إن قُلت سأكون .. قالوا لن تكون،

وإن قُلت لن أكون.. قالوا ستكون

أطفئوا في أول ومضةٌ لِلنور..

وقالوا "نحن بِالظلام نحيا وبهِ نموتَ، نحن لِلجهل أقرب مِن شِراك الموتَ"، كُل مَن يُخالف أهوائهم يُصبح بغير أرحامٍ؛ ولذلك لفظوني حينما تمردتُ علىٰ القطيع.

الكاتبة/ مريم شعبان

أنت الحَقيقة الوحيدة في هذا العَالم

الحَقيقة التي تتدلى مِن عناقيد الكذب

لِتمحق كُل الأغصان التي أصابها الداء

أنت باب الأمان والسكينة والأمل ..

أنت شُروق الشمس في الليالي المُظلمة

تبث حرارتك في منزلي فيعتريني الدِفء

ويتلاشى الخوف الراقد في جدرانهِ كالأشباح.

الكاتبة/ مريم شعبان

✿✿✿

أعلمُ أن اللقاء بيننا مُحال، وأن الفِراقَ بيننا قد طال، فكُل شيء في العالم لابد أن يكون إلى الزوال، وها هو اليوم مع الأيام قد زال، لا تنسَ أن تزور أرض ذكرياتنا، ولا تنس نصيبي مِن ذكرياتكَ، قد بدا لكَ الوجه بعد الفراق هزيلًا، كل الجروح بعد الفراق تُصبح بدون قيمة، أنتظر شعاع نور جديدًا، ولم أعد انتظر ذلكَ الحبيب الذي خان الوعود، لم أعد انظر إلى الأوراق التي بهتت حروفها وتغير لونها، أدركتُ أن هذه السطور ليست أجمل ما كتبت، ولكنه ليس مجرد كلام عابر.

الكاتبة/ مريم شعبان

بدأت أكتب في سَهري، امتلأ مُجلدي بذكرياتِنَا، أرهقنـي التفكيـر بكَ، هويتُ الرحيل حين انتهت كل حلول البقاء، أعتقنـي مـن غيابك، اشتقتُ إليك كثيرًا أعلم أن رسائلي تلك لن تصل إليكَ، ولكني أكتب بحروفٍ مُبعثرة، صامتة، حالكة جدًّا، تحملها لك الأيام عبر بريد الصُدف، لا جديد سواء أنك هنا في قلبي، هناك حنين فتك قلبي، وشوق يريد تمزيقي، عُدت لعزلتي حتي لا يأتيني يوم وأراك بالصدفة، أحب وحدتي في منتصف الليل، على الرغم من أنها باردة ومعتمة توقظ ذكرياتي وصفحاتٍ قد تلفت، يضيق صدري عندما أتلفت حولي ولا أجدك، وأموت آلاف المرات عندما أرى طيفك ولا أراك، الشوق مرهق حقًّا، ولكن الذكريات أكثر إرهاقًا.

الكاتبة/ مريم شعبان

✿✿✿

لا أصيغ لكم الألم، لا أستطيع التجرد من المُعاناة، ها أنا ألتهم ذاتي، وأتجرَّع المأساة، أُجهز بساطي لأُحلِق في السماء لأهرب؛ فأزور شتى بقاع المعمورة، فأنا مغمور بالسكون، حتى أنني لا أرتقي لوصف الصبر، فكل جوفي هشيم متقد، تنُّور قد وُضع لإيلاج الألم بقطعة فولاذ حِيكت بداخله، فتمر بذاتها على جروحي تكويها، تعتصر أحدابها، وتواصل المضي في تجاويف الجرح حتى تصل موضع القلب فتشتد لهيبها باشتداد نار الفؤاد حتى تنتهي القصة بإغلاق عيني.

الكاتبة/ مريم شعبان

وصديقًا أفديهِ بروحي

وتنحني لهُ الرِقاب إجلالًا

تُفتح له الدروبُ

ويملأ القلوب حُسنًا وجمالًا

لا تسعهُ الدنيا بما عليها

وضحكةٍ تُزين ثغرهُ

كشمسٍ تُقبلُ بالضوء إقبالًا

لو يعلم ما في الصدور من حُبٍ

لفاز بالدارين وكان أكثرُنا إكرامًا

فهنيئًا لي برفقتهُ

ويهون العمر لعزتهُ

فبنفسي أنتَ يا خلي

يُلقى على قلبك بردًا وسلامًا.

الكاتبة/ مريم شعبان

"الحزن بجد هتشوفه في عين حد بيحكي عن حاجة كان حاطط فيها كل أمله، ومكملتش تلاقيه لسه بيحكي عن الحاجة دي بنفس الشغف والحب لكن بعد كده بكل أسف وشعور بالهزيمة وخيبة الأمل يقولك بس للأسف مكملتش، وعينه حزينة كأنه لسه مهزوم دلوقتي مش من كام سنة مثلًا وتقريبًا مفيش حاجة بتعدي، وحقيقي مفيش حاجة أصعب من إنك تخسر قبل لحظة الوصول بلحظة يعنى خلاص هتمسك الحاجة فجأة تلاقيها راحت واتبخرت".

الكاتبة/ مريم شعبان

✿✿✿

العيش تحت الضغط يُكلف الإنسان طباعًا لا تُشبهه، قد يبدو عدوانيًا وهو في الحقيقة مسالم، قد يبدو شريرًا وهو في الحقيقة أحد الطيبين، وكم من شخص فقد اعتباره وشكله الجميل في قلوب الناس؛ لأنهم صادفوه في حال ضعف، يقاتل آلامه بانفعالات الأطفال.

الكاتبة/ مريم شعبان

الانحرافُ أصبَح وسامٌ للرجولَة، فَلا تجِد الشَّاب إلَّا وهو يَظهَر بمظهرٍ لا يليقُ، كأن يُستخدم أشياء تُنافي دِينه- أو كتِلك الذي نَراها فِي المجتمعِ، وكلِّ هذا لمواكبةِ ذلك العَصر الهابِط، فيقع في فوهةِ الانحطاطِ القيمي والأخلاقيّ، فَلا يجد نفسهُ إلَّا وهو مُرتطِم بالأرضِ، ومن حولَه المجتمعِ أو الكثير من أشباهَهِ.

ومَا زالت الوفُود مستمرّة إلى هناك حتَّى أصبَح الأمر معتادًا عليه، ومَطلوب كونه كذلك حتى لا يقال عليهِ فلاح، أو كب لا يتدنى من طبقَات المُجتمع الكَاذبة، ولكِن المستقيم الذِي يرتقي أصبح شاذًا عن القاعَدة، وأصبح غريب في وطن الأوهام.

"لا تسير خَلف المواكب للمواكبة، فبعضها يقودك إلى فوهة الهلاكِ، ولا تظن بأنك شاذ عنهم؛ بل أنت مُختلف عن وطن قد شاذ عن كل القواعد، أحتمي بالركن الذي لا يأخذك إلى فوهة الضلالِ تسلم".

الكاتبة/ مريم شعبان

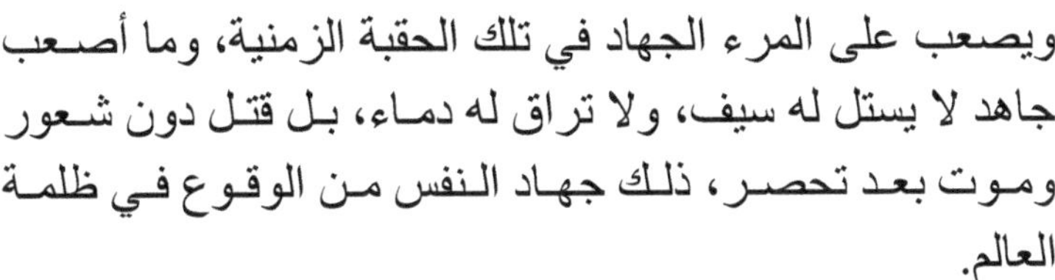

ويصعب على المرء الجهاد في تلك الحقبة الزمنية، وما أصعب جاهد لا يستل له سيف، ولا تراق له دماء، بل قتل دون شعور وموت بعد تحصر، ذلك جهاد النفس من الوقوع في ظلمة العالم.

الكاتبة/ مريم شعبان

✿✿✿

كان في عينيك شيء لا يخون لست أدري كيف خان؟!

عيناكَ بحر من يراه؛ يغرق فيه كالغريق الذي يغرق في البحور، هاتان العينان لست أدري إلى الآن كيف خانوا، كيف غدروا بي؟! تلك العيون التي كنت أنظر عليها أشعر بالسعادة، والاطمئنان الآن صرت أكره النظر إليها، ولو نظرت أنظر إليها نظرة مليئة بالكره، والاشمئزاز إلى الآن أنا لا أصدق أنهم خائنون، ما زلت في حالة من التشتت، والضياع تائهة، ولكن تلك المرة لستُ تائهة في بحور عينيه، تائهة ولكن في عالم آخر، ومشتتة لا أعلم ما يجب علي فعله بعد تلك الخيانة، ويبقى السؤال هنا هل أنا السيئة التي لا أستحق الحُب؟ أم هو السيئ الغدار؟ لا أعلم الإجابة حتمًا، ولكن أنا أعطيته كل الحب، وكل المشاعر التي بداخلي كانت له هو فقط، في النهاية لن أسامحه على تلك الخيانة مهما حدث.

الكاتبة/ مريم شعبان

وعن السؤال المطروح هل يكون الإنسان سعيدًا؟

يجيب آرثر شوبنهاور في كتاب: تهمة اليأس ويقول:

لا يكون الإنسان سعيدًا أبدًا، بل يقضي حياته كلها يصارع بحثًا عن شيء يعتقد أنه سيجعله سعيدًا، ونادرًا ما يصل إلى هدفه، وحتى حين يصل، يصل ليُصاب بخيبة الأمل، وفي أغلب الأحيان تتحطم سفينته في النهاية ويصل إلى المرفأ بلا أشرعة، وبعد أن يمضي كل ذلك فسيّان إذا ما كان سعيدًا أو تعيسًا؛ لأن حياته لم تكن أكثر من لحظة حاضرة تتلاشى باستمرار، وها هي الآن انتهت.

الكاتبة/ مريم شعبان

✿✿✿

انتهت مقاومتي

للحزن، ها هي الساعة تشير إلى منتصف الليل، عُدت إلى غرفتي الكئيبة أسند رأسي المليئة بالذكريات المؤلمة على وسادتي، أعود شاردة، وأسأل نفسي سؤال يتكرر ألف مرة على مسامعي: هل سينتهي الحزن يومًا؟ هل سأجد مخرجًا من تلك الأفكار اللعينة التي برأسي؟

وينتهي بي الحال إلى النوم من كثرة البكاء والصراع الدائر داخل رأسي.

الكاتبة/ مريم شعبان

نستحق محبةً صادقةً، وودًّا مكتملًا،

ويقينًا بأننا مرغوبون ومحبوبون

مهما كثُرت أخطاؤنا،

وزاد قلقُنا، نستحقّ نهاية سعيدةً بعد

كل هذه الأعوام من الحُزن.

الكاتبة/ مريم شعبان

✿✿✿

أنا المنبوذ مِن أهلي
وعشيرتي

يُلاحقني شعور الغُربة دائمًا

وجريمتي لا تُغتفر..

كقديس سَقط سهوًا

فادعوا سُجوده لِصنم.

الكاتبة/ مريم شعبان

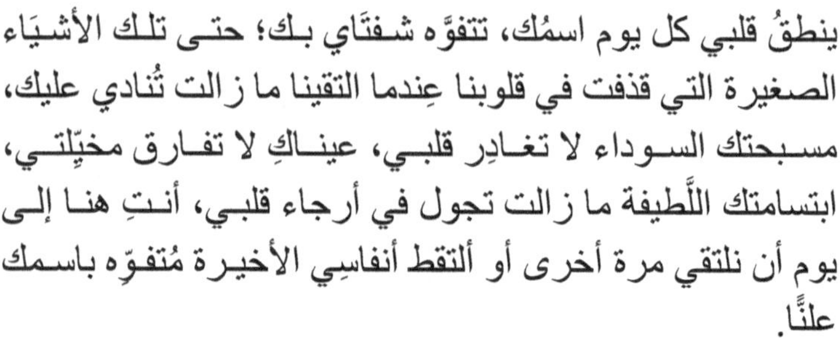

ينطقُ قلبي كل يوم اسمُك، تتفوّه شفتَاي بك؛ حتى تلك الأشيَاء الصغيرة التي قذفت في قلوبنا عِندما التقينا ما زالت تُنادي عليك، مسبحتك السوداء لا تغادِر قلبي، عيناكِ لا تفارق مخيّلتي، ابتسامتك اللَّطيفة ما زالت تجول في أرجاء قلبي، أنتِ هنا إلى يوم أن نلتقي مرة أخرى أو ألتقط أنفاسِي الأخيرة مُتفوِّه باسمك علنًّا.

الكاتبة/ مريم شعبان

✿✿✿

أصبتُ بالذُّهول حِينما أخبَرنِي أحدُهم علَى امتِنانِه الرَّائعِ لِي لِكُوني قدَّمت له بعض المواسَاة، أو قد قُلت له مَّما أنا على دِراية بِه، أو بطَريقة أخرَى سَاعدته فِي شَيء، ولَكن كلّ هَذا طبيعي، قَبل أن يخبرنِي أن لا أحد مثلكَ يفعل هذا الآن! إلَّا القليل، والقَليل أصبَح أقلّ؛ حتى كَاد أن ينعدم، لا أعرِف ما هذا، ولكِن ذُهولي من النّاس من البَشر مِن مَن هم حولِي، أأصبحَ الجَميع يهتمّ بأمورِ نفسه فقط؟ ظنًّا منه أنَّها العالم، لماذا أصبَحنا نبخل على بعضنا البعض بالمعلومات؟ أو لما لا تَسهل وتنحَّى مشقة الطريق من علَى أحدهم؛ لكونِك كنت هنا من قبل، لماذا نكبَر فنستكبر؟ أهكذا يكُوز ولكن تِلك هي الحقيقة وبكلِّ أسف، انظُر إلَى ساحَة العمَل وأنتَ ترى البغض بين الزُّملاء، ارجع إلَى ساحات المُجتمع وراقِب حتى تُصاب بهَزل، أو ربما تمُوت مجنون.

الكاتبة/ مريم شعبان

انصت لي

استمع لما سأقوله لك،

هل تريد أن تكون بخير؟!

(إذا كانت الإجابة نعم) إذًا لا تستمع لأحد، ولا تهتم لأمر أولئك الناس، ولا تنصت لأحد، ولا تفكر بما قيل عنك وبما سيقال؛ لكي تعيش بسلام واطمئنان لا تستمع لهم أرجوك، أنت أفضل مما يقولوا، وأنت تعلم هذا، أنت لو لم تكن أفضل منهم لما تحدثوا عنك بسوء؛ لذلك عندما تسمع أو تعلم أن أحد ذكرك بالسوء لا تحزن، واطمئن بأنك الأفضل.

الكاتبة/ إيمان حسين أحمد

✿✿✿

أين قلبي

أين أنت يا قلبي أما زلت تنبض أم ماذا، لا زلت لا أشعر بك، ما زلت ابحث عنك يا قلبي، لازلت اسأل نفسي لما فعلت كل هذا، لكن لا أجد أي إجابة، وكل ما أفعله هو البكاء، البكاء فقط، أتمنى أن أعود كما كنت، ولكن لا أعلم كيف، لا أعلم كيف أجد قلبي مرة أخرى.

الكاتبة/ إيمان حسين أحمد.

صُدمت

صدمت كثيرًا، وتألمت كثيرًا، لا أعلم من أين أبدأ، ولكنني تحطمت في هذا المجتمع خدعت كثيرًا، لا أعلم كيف يجب أن أبدو لكي أقدر على العيش، هل من المفترض أن أبقى شخص طيب ورائع أو أكون شخص غاضب دائمًا، وعلى كل شيء، لا أعلم أنا تائهًا حقًا في هذه الحياة، كان من المفترض أن أبقى صامدة، وأن أتحمل لكن الحقيقة أنني خذلت كثيرًا، ولا أعلم هل سأتخطى كل هذا أم لا.

الكاتبة/ إيمان حسين أحمد

✿✿✿

صديقي

ماذا بك يا صديقي هل ستظل هكذا، هل ستبقي علي هذا الحال كثيرًا، ألا تريد أن تغير من حالك ولو قليلًا هل ستظل تظلم نفسك من أجل أناس لا يستحقون، لماذا تفعل بنفسك هكذا، أنت تستطيع أن توقف هؤلاء الناس، ولا تستمع لهم، لا أحد سيتمنى لك الخير يا صديقي، كل ما تراه هو نفاق نحن في عالم ملئ بالمنافقين يا صديقي، وإذا ما زلت على ما أنت عليه سوف تظلم نفسك، وأنت تعلم أنك تأتي عليها كثيرًا، حاول أن تغير حالك؛ لأجل نفسك يا صديقي؛ لكي تبقى بخير.

الكاتبة/ إيمان حسين احمد

سأظل معك

سأظل معك حتى نهاية حياتي، سأبقى بجانبك دائمًا، سأكون معك عندما تنجح أو تفشل، فعندما تنجح سوف أفتخر بك، وسأكون بجانبك لكي تنجح أكثر، وعندما تفشل سأكون بجانبك أيضًا؛ لكي تنهض من جديد، سأكون فخورة بك دائمًا، وسأظل معك طوال حياتي وصدقني لن أُمل منك أبدًا، وسأكون لك كأم، وأخت، وصديقة وابنة، وحبيبة، وسأتمنى لك الخير؛ لأن جزء من أمنياتي أن تبقى أنت دائمّا بخير يا عزيزي.

الكاتبة/ إيمان حسين أحمد

أين حبك

أين ذهب حبك، وأين خوفك وحرصك عليَّ، أين هو حبيبي الذي عشقته، ترى أني افتقدت اهتمامك، أين وعودك وكلامك بأنك لن تتركني، إذا كنت ناسي كلامك بذكر أنا، لقد علمتني أن لا أبدأ يومي إلا وأنت معي، والآن خالفت كل وعودك، لم أكن أريد أن أعاتبك لكن لأنني أحبك، وأريد انأن أتأسف لنفسي؛ لأني أحببت وغدًا حقيرًا مثلك.

الكاتبة/ إيمان حسين أحمد

لا زلت أنزف

لا زال داخلي ممزق ومحطم، أبكي دائمًا ولا أعلم لماذا، لكنني حزينة وأتألم على ما فات، عندما أتذكر ما مر عليَّ في هذه الحياة أتألم وأبكي، اشتقت كثيرًا لهم اشتقت لهم حقًّا، لا أعلم لماذا تركوني، كنت مغفلة من البداية؛ لأنني وثقت بهم؛ لأنني تحدث معهم، واعتدت الحديث معهم كنت مغفلة حقًّا، لكن أنا لن أسامحهم أبدًا؛ لأنني تألمت كثيرًا، وما زلت أتألم من دونهم.

الكاتبة/ إيمان حسين أحمد

✿✿✿

"تفاءل"

تفاءل وابتسم وامرح وافعل كل ما تريد، لا تقلق لما سيحدث غدًا، فالله لم يتركك أبدًا، وثق بالله أنه لن يخذلك يا صديقي، فربنا رب الخير، الله رحيم بنا، الله لطيف بعباده يا صديقي، فلذلك تيقن أن كل ما يحدث هو خير مهما كان؛ لأن "رب الخير لا يأتي إلا بالخير".

بقلم الكاتبة/ إيمان حسين أحمد

"تعبتُ"

تعبتُ كثيرًا في هذه الحياة، لا أجد من يساندني إلا قليل، والباقين يخبرونني أنتِ ما زلتِ صغيرة، بماذا مررتي أنتِ، بماذا تألمتي، أنتِ ما زال عمرك في متناول العشرينات، ما زلتِ في بداية حياتك، أنتِ حتى الآن لم ترِ شيئًا، وهم لا يعلمون ما مررت به أنا، لقد صارعت كثيرًا في هذه الحياة، لقد صدمت وخذلت وأظن أنني متعبة كثيرًا، لا أعلم كم متبقي لي من عمري، ولكن أريد أن أعيش في هدوء وراحة وطمأنينة، أريد أن أعيشهم هكذا حقًّا، وهذا كل ما أتمنى.

الكاتبة/ إيمان حسين أحمد

"إلى أحدهم"

إلى أحد أصدقائي، أحبك كثيرًا، أنتِ الوحيدة التي كنتِ بجانبي دائمًا، حقًّا لم أرَ أحد مثلك، أحيانًا عندما أحزن أذهب إليها، عندما أشعر بالهزيمة في الحياة أذهب إليها، عندما أنجح أذهب إليها أيضًا، أجدها معي دائمًا، وكأنها خلقت لتكون ملاذًا لي إن تأذى قلبي، أتكلم معها وكأني أتكلم إلى نفسي تمامًا؛ وهذا لأنها بالنسبة لي عالمي الذي أذهب إليه في أي وقت أريده.

الكاتبة/ إيمان حسين أحمد

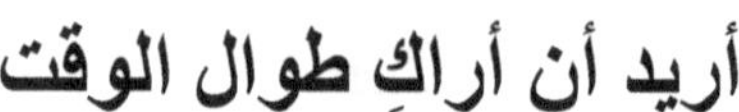

أريد أن أراكِ طوال الوقت

بعض البشر لا يوجد مثل هذا الشخص، لا أحتاج لغيره، لا أريد الأشخاص حولي، أحتاجه بكل عيوبه ومميزاته، لا أراه بين كل البشر لا أخسره، كل تكرار ممل إلا رؤيتك، لا تغيب عن عيوني عندما أريدك أجدكِ سند وضهري للحياة، لا تتخلى عني مهما يحدث، عندما رأيتك رأيت الصفات التي أريدها في شخص ما، أحب ذلك أسمعك لآخر أنفاسي، يكفيني أن تكوني بجانبي، لا أحزن ولا أتألم، وكأن الوقت في بعدك واقف ما بيمشيش، وأوفي بكل الوعود ولا أخذلك يوم ما.

الكاتبة/ چوليا مدحت «أرجوان»

✿✿✿

شخصي المفضل لقد رحل وتركني

تركني عندما احتجته، تركني عندما كنت مدمرة، تركني عندما كنت وحيدة، أشتاق لك كثيرًا، أقسم أنني بدونك لا أستطيع إكمال حياتي، بعض الأشياء تدمرت ولا يمكن إعادتها، أحتاجك بجانبي، أحتاج إلى حنانك، احتجتك عندما فقدت شغفي، احتجتك عندما كنت وحيدة، أحتاجك كي تطمئنني، أحتاجك عند انهياري، ولكن كيف تعيش أنت بدوني.

الكاتبة/ چوليا مدحت «أرجوان»

الاشتيـاق

كان لديَّ أخ وكان كل حيـاتي، ويوم من الأيام لقد رحل مـن هـذا العالم، والقلب يتوجع كثيـرًا ولـن يتحمـل، وتركنـي وحيـدة، ولـم يعود وأنا أشتاق له كثيرًا، لكن فعل ربنا لم نعترض عليه، ولكننا في الآخر، والأول نحن نروح لهم، ولكنني كل يوم نبكـي عليـه، والعقل لم ينسَ أبدًا؛ لأنه كان من شيء منك، وكل يوم نحمد ربنا علـى كـل شـيء، ولكـن زاد التفكيـر وجـع أكثـر، ونـذهب كثيـرًا نزوره قـدام القبـر، وأقـول لـه لمـاذا رحلـت عنـي، وأننـي بعـدك صرت وحيدًا، وبطريقه تامة.

الكاتبة/ چوليا مدحت «ارجوان»

الحزن يجبرك أن تستسلم

الأشخاص دائمًا يجرحونا ويكسرنا و يكونوا السبب في انهيارنا، حتى لـو بأبسـط الطـرق، يمكـن أن يتحـدثوا ويقولـوا فقـط كلمـة بسيطة، ولكنها تجعلنا نحترق من داخلنا، حتى إن أردت أن أفعل شيء أفقد شغفي، حق أريـد أن أمـوت لا أريـد أن أبقـى فـي هـذه الحياة، لقد عانيت كثيرًا وما زلت أتحمل، ولكن الآن طـاقتي لقـد نفذت، وكل ما أتمناه أن أموت.

الكاتبة/ چوليا مدحت «أرجوان»

الأهل

هما الأول يهتموا بكِ وبعدما يصير عمرك ١٠ سنوات، ولا يعلموا أن في الحاضر عندما يحدث خناقات، إن المشاكل بين الأهل أو بين الأبوين تعود على الأطفال بعوامل سلبية، ونفسية كبيرة، وإن ذلك يسبب عقدة في حياتها وتشعر بالنقص مع أهلها وأصدقائها، ومع الجميع الآن رأت كثيرًا من الأفكار البطلة تُشعرها بالخوف، ولكن بتأخذ خبرة، عندما تكبر وتتزوج تكون على معرفة تامة مع أولادها كيف تعاملهم، ولا تعاملهم مثل أبيها وأمها.

الكاتبة/ چوليا مدحت «أرجوان»

أضرار التدخين

هذه السجائر تدمر الإنسان بشكل كبير جدًّا، وبرغم ذلك يدمنوا أكثر، والتدخين يمثل خطر هائل على الصحة، ويحمل أضرار بالغة على أجهزة الجسم المختلفة، لا توجد مواد آمنة في منتجات تبغ من الأسيتون، والقطران إلى النيكوتين، وأول أكسيد الكربون المواد التي تستنشقها لا تؤثر فقط على رئتيك يمكن أن تؤثر على جسمك بالكامل، يمكن أن يؤدي التدخين إلى مجموعة متنوعة من المضاعفات المستمرة في الجسم.

الكاتبة/ چوليا مدحت «أرجوان»

الحب

همه الأول أشخاص يقتربون من بعض، وبعدما يتعرفون أكثر وأكثر يبدأوا يهتموا ببعض، ورسائل كتير وشريك يومك، ومن هنا يبدأوا يعجبوا ببعض والمشاعر سوف تتبدل، وبعدما يصيروا متأكدين، ويفكرون كثيرًا، يعترفون لبعض أنهم يحبون بعضهم.

الكاتبة/ چوليا مدحت «أرجوان»

عصفورتي الحزينة

عصفورتي كانت تعيش بأمان وسلام كانت الفرحة لم تسعها، ولا أحد يتحكم فيها، تفعل ما تريده تعيش بشكل جيد واقع لا تفكر في الحزن كانت وحيدة، لكنها تتعرف على أصدقاء وحبايب وخذلوها بكل شكل مثل: خيانة، غدر، خذلان، بشر، تسلية، حبيب، بكل شكل تفكر في تدميرها تلجأ إلى رب الكون وتبكي.

الكاتبة/ چوليا مدحت «أرجوان»

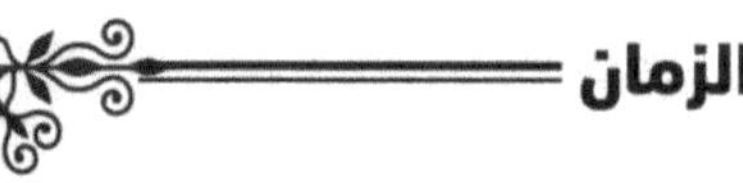

تذكر دائمًا

بما إن أنت مش موجود بهذه الدنيا بس عشان تعيط وتحزن لا، أنت موجود لكي تضحك تهتم بحالك، تسعد أهلك والناس اللي حواليك، لكي تنجح، ولا تقنع حالك بالأسوء، وأنت بتستاهل الأحسن، بدي منك شغله ضرورية إنك تنبسط بالأشياء اللي عندك وتكتفي، وبدي تبعد عن الناس اللي بتخليك تزعل ودايما بتحبط فيك، واللي بيقرب منك خطوة قرب منه عشرة، واللي ببعد عنك خطوة ابعد عنه ألف، اشتري خاطر اللي مشتريك، وبيع اللي ما فرقت عنده.

الكاتبة/ چوليا مدحت «أرجوان»

✿✿✿

القلب والعقل

قلبك يوصيك تفعل هذا الشيء، وتكون على علم أنها خطأ بينما العقل من البداية ينبهك أنه لا يمكن أن تقع في الخطأ، وأحيانًا نمشي وراء القلب، ولا نفكر في الحاضر، وبعد محولات كثيرة تكتشف أن العقل أصح.

الكاتبة/ چوليا مدحت «أرجوان»

وجع القلب

هو أوجع شيء يصيب الأشخاص، وينجرح وعبارة عن كسور، وتطول لأن نأخذ على خاطرنا كثيرًا، ولكن بعد كل نصيحة من الجميع الجرح يبدأ يصبح أحسن من ذي قبل، ونحتاج وقت وها أنا أساعد نفسي؛ لكي يصبح قلبي بأفضل حال.

الكاتبة/ چوليا مدحت «أرجوان»

لا أحتاج لأحد جانبي

لقد اتخذلت من الكل، وكنت دائمًا أُرضي الحياة كلها، ولكن لا أحد يحبني، وكل الدنيا كاسرة بخاطري، اشبعي بهم واجلسي يوميًّا معهم، احكي حكايات، وادخلي حوارات، جعلتني لا أريد أحد جعلتني أتمنى الموت، غدًا تأتي على قبري، وتقل قومي ما أحد حبني مثلك، ولكن وقتها يكن أمري انتهى، أحبتها ولكنها تكون أنني لم أحبها، ولن أزعج أحد بعد الآن.

الكاتبة/ چوليا مدحت «أرجوان»

العلاقات مش دايمًا ناجحة

أحيانًا ننهي علاقات تمنينا لو أنها اكتملت وبقيت، نحذف المحادثات والأرقام نسير في طرقات طويلة، لكنها تحمينا من لقاء لا نستطع تحمل عواقبه، أحيانًا نبدو وكأننا الطرف الأقل حبًّا لا يصدقنا أحد، حينما نقول أنه كان لا بد أن نرحل، وأن نفلت بعض الأيادي، أن الحب الذي في قلوبنا كان يعذبنا، ولم نستطع أن نتحمل، أحيانًا لا نعرف كيف نقول إن في بعض الأحيان نهجر الذي نحب، إننا لا نملك مبررات منطقية؛ لنخبر بها بعض لماذا تركناهم، هل نقول أحببتك، ولم تحبني.

الكاتبة/ چوليا مدحت «أرجوان».

✿✿✿

الخنقة وتأثيرها

البداية هي جميلة، ولكن بعد فترة مع واحدة تكتشفي كل حقيقة كانت مدارة عليكِ وأنتِ تخبئي كثيرًا، وتظهر بأنكِ بخير، ولا تحكي مع أحد بأنكِ مش بخير إلى أن يصيبكِ مرض الاكتئاب، ومع ذلك لا تخبري أحد؛ لأن التفكير الزائد يتعقد أكثر عن تفكير الأول والكتم هو بأنك تكتم كثيرًا، وعينيك باشت، والوجع يزداد داخلكِ، والقلب لا يتحمل، ويوجع أكثر وأكثر، والعقل يتمنى الموت من كثرة ما به، والباطن يأخذكِ إلى فعل يؤذيكِ، ولا أحد يشعربكِ.

الكاتبة/ چوليا مدحت «أرجوان»

ليس من الضروري أن يكون رأي الأغلبية هو الصحيح

لي فترة وأنا أحس أنـي لا أعـرف أن أتكلم، وأعبـر عـن رأيـي عندما أناقش أحدًا، أو أسأله عن شيءٍ، أشعر أن كلامي لـه غيـر مفهوم، والجملة التي يقولها لا أستطع قولها علـى لسـاني خاصـة إذا كنـت غاضـبة فـي كلامـي، كلمـاتي غيـر مترابطـة بـالمعنى، أحـس أنـي أفقـد كلمـات كثيـرة كنـت أحوزهـا، رغـم أنـي لسـت خجولة أتمنى أن تفيدوني ربي يسعدك؛ لأن هذا الأمـر يزعجنـي ويتعبني، وأشعر ان الأغلبية يلاحظ علـيَّ هـذا الأمـر فأعتقـد أن هذه المشاعر التي تسيطر عليك.

الكاتبة/ چوليا مدحت «أرجوان»

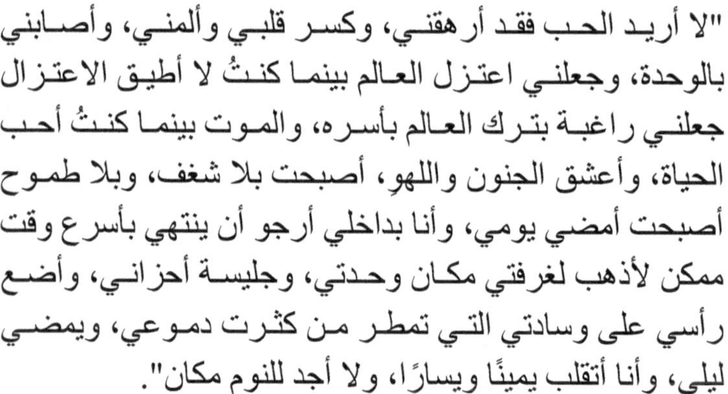

"لا أريد الحب فقد أرهقني، وكسر قلبي وألمني، وأصابني بالوحدة، وجعلني اعتزل العالم بينما كنتُ لا أطيق الاعتزال جعلني راغبة بترك العالم بأسره، والموت بينما كنتُ أحب الحياة، وأعشق الجنون واللهوِ، أصبحت بلا شغف، وبلا طموح أصبحت أمضي يومي، وأنا بداخلي أرجو أن ينتهي بأسرع وقت ممكن لأذهب لغرفتي مكان وحدتي، وجليسة أحزاني، وأضع رأسي على وسادتي التي تمطر من كثرت دموعي، ويمضي ليلي، وأنا أتقلب يمينًا ويسارًا، ولا أجد للنوم مكان".

الكاتبة/ ريهام عبد القادر

شخابيط ريري

✿✿✿

ليس هناك صديق، ولا حبيب، ولا قريب؛ لأذهب لأشكي له جرحي، ليس هناك من يستمع ليا، وهو بداخله يتمنى لو لم يمسني سوء أن أصبح بأفضل حال، وأكون بقوه وصلابة ليس هناك، سوايا يواسيني من الآلام، ويكون بجواري حين تتزعزع قوتي، ولكنني لم ولن أضعف سأصبح أقوى وأصلب.

الكاتبة/ ريهام عبد القادر

شخابيط ريري

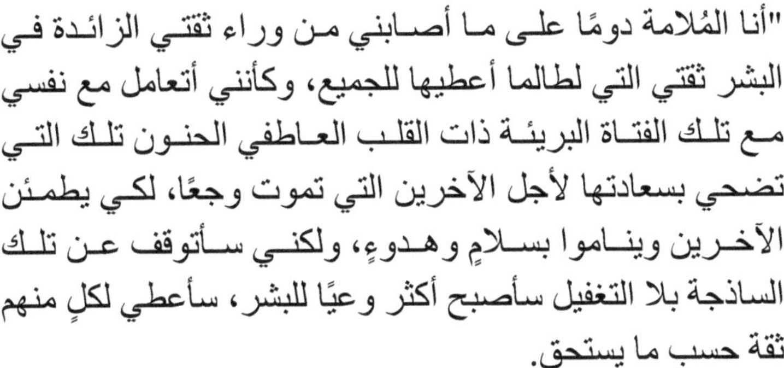

"أنا المُلامة دومًا على ما أصابني من وراء ثقتي الزائدة في البشر ثقتي التي لطالما أعطيها للجميع، وكأنني أتعامل مع نفسي مع تلك الفتاة البريئة ذات القلب العاطفي الحنون تلك التي تضحي بسعادتها لأجل الآخرين التي تموت وجعًا، لكي يطمئن الآخرينويناموا بسلامٍ وهدوءٍ، ولكني سأتوقف عن تلك الساذجة بلا التغفيل سأصبح أكثر وعيًا للبشر، سأعطي لكلٍ منهم ثقة حسب ما يستحق.

الكاتبة/ ريهام عبد القادر

شخابيط ريري

✿✿✿

"إلهي أنت وحدك تعلم ما يجول في خاطري ما يؤلم فؤادي ما يمتص روحي ما يهلك طاقتي ما يشبعني قهرًا ما يزيدني عذابًا فاصرفه عني يا الله فأنت وحدك القادر، ونحنُ العاجزون فأنت من تقول للشيء كن فيكون، فبحق جلالتك، وعظمة مكانتك اصرف عني ما ليس لي به علم، واجعل قلبي كما كان في سابق عهده، واصرف عن روحي سكرات الموت الزائفة فأنت القادر ونحنُ العاجزون، وأنت العالم ونحنُ الجاهلون".

الكاتبة/ ريهام عبد القادر

شخابيط ريري

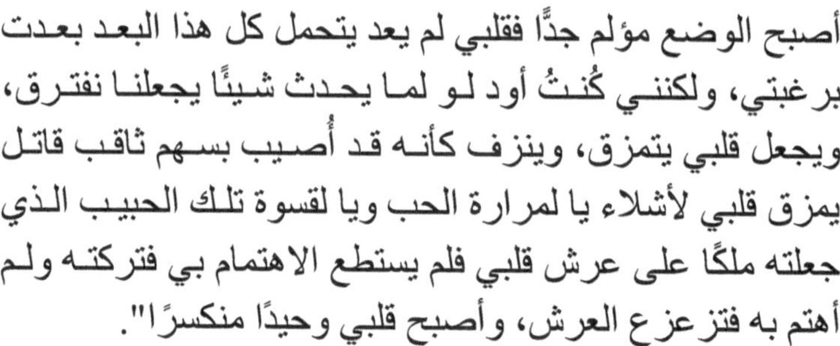

أصبح الوضع مؤلم جدًّا فقلبي لم يعد يتحمل كل هذا البعد بعدت برغبتي، ولكنني كُنتُ أود لو لما يحدث شيئًا يجعلنا نفترق، ويجعل قلبي يتمزق، وينزف كأنه قد أُصيب بسهم ثاقب قاتل يمزق قلبي لأشلاء يا لمرارة الحب ويا لقسوة تلك الحبيب الذي جعلته ملكًا على عرش قلبي فلم يستطع الاهتمام بي فتركته ولم أهتم به فتزعزع العرش، وأصبح قلبي وحيدًا منكسرًا".

الكاتبة / ريهام عبد القادر

شخابيط ريري

✿✿✿

أعلم أن الموت يأتي للمرء مرة واحدة، وكنت على يقين بذلك، ولكنني أتعجب! يا صاحِ فهو .يلازمني منذ مدة

الكاتبة/ ريهام عبد القادر

شخابيط ريري

حلمي عالمي أن يصبح العالم كله ضد حلمي هذا ليس بالشيء الصعب بل هو تشجيع لأكمل حلمي، وأثبت للعالم بأسرع جدراني فأنا لا أحتاج لأناس كل ما يفعلونه هو قيل وقال، وتحطيم مشاعر الآخرين من أجل إرضاء ذاتهم، فحلمي ليس بالهين گ يسلب بسبب سفهاء مثلهم ربما يكون بالشيء السخيف لهم، أما بالنسبة لي حياة أخرى في عالم آخر مليء بالآمال، والأمان عالم رسمته لنفسي فرسمت فيه كل ما أحب أعشق وكل ما أتمنى وجوده.

الكاتبة/ ريهام عبد القادر

شخابيط ريري

✿✿✿

كنتُ أرجو أن يكون لي صديقًا يحتويني، ويكون ملجأ لي حينما يتخلى عني البشر، يكون قويًا حينما أصبح ضعيفًا، يكون فرحي حينما أكون حزينًا يكون ليا العالم أجمع ليس ما رجوته مستحيلًا، ولكن قد أصبح العالم قاسي جدًّا ليس هناك به من يخلص بحق من يوفي للصداقة، ويكون نعم الصديق والأخ، ليس هناك من تفشي له أسرارك، ومشاكلك، ونقاط ضعفك، وأنت بداخلك متيقن أنه سيفكر بحلها لأعرضها على الآخرين.

الكاتبة/ ريهام عبد القادر

شخابيط ريري

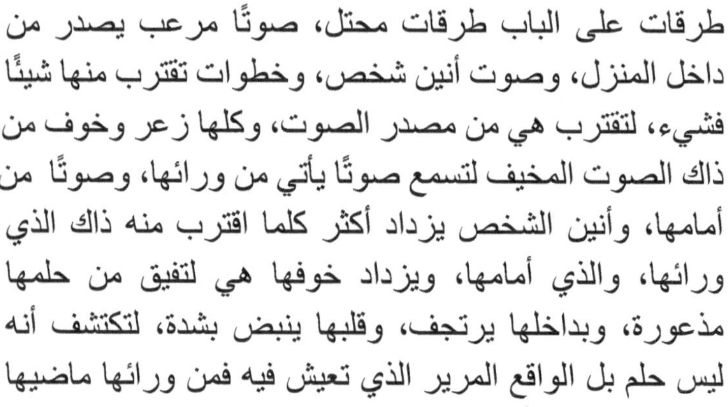

طرقات على الباب طرقات محتل، صوتًا مرعب يصدر من داخل المنزل، وصوت أنين شخص، وخطوات تقترب منها شيئًا فشيء، لتقترب هي من مصدر الصوت، وكلها زعر وخوف من ذاك الصوت المخيف لتسمع صوتًا يأتي من ورائها، وصوتًا من أمامها، وأنين الشخص يزداد أكثر كلما اقترب منه ذاك الذي ورائها، والذي أمامها، ويزداد خوفها هي لتفيق من حلمها مذعورة، وبداخلها يرتجف، وقلبها ينبض بشدة، لتكتشف أنه ليس حلم بل الواقع المرير الذي تعيش فيه فمن ورائها ماضيها الذي تكره، ومن أمامها مستقبلها الذي تخشاه

الكاتبة/ ريهام عبد القادر

شخابيط ريري

✿✿✿

"يأتي الليل، وأنا جالسة في نافذة غرفتي أتطلع إلى النجوم، وأمسك في يدي فنجاني المفضل من القهوة، وأنظر لكل نجمة على أنها حلمي الآتي؛ فأتمسك أكثر وأكثر بحلمي، وأعلم أنه مهما طال حلمي فسيتحقق يومًا".

الكاتبة/ ريهام عبد القادر

شخابيط ريري

فتاة استثنائية

أختلف عن الجميع، نعم أختلف لا أحد يشبهني؛ فأنا فتاةٌ مختلفةٌ عن العالم بأكملهِ، لا يمكن لأحد التفكيرُ مثلي، أستطيعُ خوض معارك الحياة بأكملها وحدي، لا أستسلم بسهولة، لا يمكن لأحد تغييرُ فكرى مهما حدث، فأنا فتاة استثنائية.

الكاتبة/ شهد فريد.

✿✿✿

أنا لست مجنونًا

هل أنِّي حقًّا مجنون؟ لماذا؟

هل لأنى أراها دائمًا، بالرغم من بعدها كل البعد عن هذا العالم؟

هل لأنى أتحدث معها دائمًا وأسمعُ همسها لي بالرد على حديثي، بالرغم من عدم وجودها معي؟

هل لأنى دائمًا أشم رائحتها المميزة تطوف حولي، بالرغم من أنها كانت لا تتعطر؟ أم هل لأنى كل ليلةٍ أهمسُ لها بكلمات عشقي، وحبي لأرى حمرة خديها التي ما زلت أتذكرها جيدًا، بالرغم من رحيلها منذ سنوات؟ هل هذا بالنسبة لكم جنون؟ حسنًا فأنا مجنون بل أنا الجنون بعينه، ولكني لستُ مجنونًا، بل أنا عاشق، فقط أحببتها من قلبي.

الكاتبة/ شهد فريد.

إلى روحي

إهداءٌ إلى روحي المتعبةُ، كفاكِ تفكيرٌ في المستقبل، عيشي حاضرك، وتمتعي بكل ما فيه، عسى أن لا يأتي عليكِ هذا المستقبل التي سئمتُ من كثرة تفكيرك بهِ، كفاكِ بالله عليكِ، فقد تعبتُ، أتعلمين مهما رسمتي لهذا المستقبل حلمٌ جميل لن يأتي إلا كما كتبهُ اللهُ لكِ، فكفاكِ بالله عليكِ، لقد تعبتُ كثيرًا.

الكاتبة/ شهد فريد

✿✿✿

ميزة مجهلة

ميزَّ اللهُ سبحانه وتعالى الإنسان بعقلهِ، فكيف لنا أن نهمل هذه الميزةُ، ولا نهتم بها، فكل إنسان يتميز بفكره، وقدرته في التغلب على جميع المشاكل، وكلما اهتم الإنسانُ بهذه الميزة، ورواها بالعلم، والقراءة سيشعر حقًا بجمالِ هذه الحياة كل إنسان لديه عقل، ولكن ليس كل إنسان يهتم بهذا العقل دائمًا ما تجد الإنسان الجاهل للفكر، والجاهل لميزة عقلهِ كثير الحديث، والصخب، ودائمًا ما يكون لديه الكثير من المشاكل، بسبب عدم استخدام مقدرة عقلهِ في التفكير لحل هذه المشاكل، أما الإنسان المثقف دائم القراءة، والتطوير من تفكيره دائمًا ما يكون هادئ، ولا يمتلك الكثير من المشاكل فالجميع لديه هذه الميزة، ولكن ليس الجميع من يُقدر هذه الميزة إلا من عَلِمَ قيمتها حقًا، فهي ميزةٌ مُجهلةٌ من بعض البشر.

الكاتبة/ شهد فريد.

عندما نعشق

عندما نعشق لا نشعر بأي شيء سوى السعادة، عندما نعشق لا نهتم لأي شيء سوى من سكن الفؤاد؛ فيصبح هو من يمتلك حياتنا، ونتمنى أن نفديه بروحنا؛ فيصبح هو الأخ، والأب، والحبيب، والسند عندما نعشق لا نرى العيوب أبدًا، بل نخلق مميزاتٌ به، عندما نعشق حقًّا نشعر بقيمة هذه الحياة فقط؛ فهنيئًا لكل عاشق كتب الله له العيش، والموت بجوار عشقه.

الكاتبة/ شهد فريد.

✿✿✿

عالمي الخاص

كلٍّ منا يعيشُ وبداخلهِ عالمهُ الخاص، هكذا أنا بداخلي عالمي الخاصُ بي، والذى أحبُ دائمًا العيشَ معهُ فقط، فهو عالمٍ اخترته لي عالمٍ لا يوجدُ بهِ شيء أكرههُ، بل أنا أعشقُ هذا العالم بكلِّ ما فيه، وكيف لي أن أكرههُ؟ وهو عالمي الذي أهرب من هذه الدنيا بداخلهِ، أتمنى لو هذا العالمُ الخياليُّ يحدثُ حقًّا ويصبحُ واقع وحقيقة، أتمنى أن أجعل أهلي فخورين بي، أتمنى أن أُصبح كماً تمنيتُ، أتمنى أن أكون مع من اختاره القلب، وأيدهُ العقل، أتمنى أن تزولَ كلَّ مشاكل ومصاعب الحياةُ، أتمنى الرضا من اللهِ سبحانه وتعالى عليَّ وعلى جميعَ أحبتي، ولكن كيف يحدث هذا؟ ونحن في هذه الدنيا فهي بالنهايةِ دنيا، كلَّ ما فيها متعب، وكلَّ من عليها متعب، فحقًّا إن العيشَ عيش الآخرةِ.

الكاتبة/ شهد فريد.

ليلة مميزة

هدوء الليل، ونسماتُ الهواءُ تُداعبني، ونجومُ الليل تضيء السماءُ المظلمةُ، وكأنها ترسم لوحةٌ فنيةٌ مميزة تلفت نظر كل من ينظر إليها، فمن أراد حقًّا أن يرى أجمل منظرُ بالعالم، فلا داعى للسفر، والسياحة فلينظر فقط إلى السماء في ليلةٍ مظلمةٍ، وأقسم له أنه سيرى أجمل منظر في العالم بأكمله، فسبحان الله الخالق المبدع الذى خلق كل هذا الجمال لنا، فبالله عليكم أليس كل هذا الجمال الذى رأيته قادرًا على أن يجعل ليلتي مميزة.

الكاتبة/ شهد فريد.

✿✿✿

العمر لحظة

في لحظة هدوء، ربما نتذكر لحظة مرت علينا ونبتسم لا إراديًّا، وفي لحظةٍ أخرى نتذكر لحظة مرت علينا، وتدمع أعيننا لا إراديًّا، هكذا الحياة لحظتين فقط، إما لحظة تمر عليك مبتسمًا، وإما لحظة تمر عليك حزينًا، ولو أن الفرح يدوم؛ لظل الإنسان مبتسمًا دائمًا، ولو أن الحزن يدوم؛ لظل الإنسان حزينًا دائمًا، ولكن لا شيء يدوم في هذه الحياة، الفرح سينتهي بلحظة كأنه لم يأتِ أبدًا، والحزن أيضًا سينتهي بلحظة وكأن أعيننا لم تدمع يومًا، وبين الابتسامة والدمعة إحساسٌ يولد بداخلنا نميز به كل لحظة، العمر لحظة استمتع بها سواء بالابتسامة أو بالدمعة، هي لحظة وستنتهي.

الكاتبة/ شهد فريد

إلى اللانهائية وما بعدها

وعندما ينتهي بي المطاف إلى اللاشيء، سأخضع لقلبي، وأدعي النسيان لقوانين عقلي، وأكسرُ جميع قواعدُ الحياة، وأُعاود السير من جديد في طريقٍ جديد دون اليأس، وفقدان الأمل، فإما أن أهزمُ هذه الحياة، وأُحاول الوصول لهدفي حتى الموت، أم تهزمني هيَ، وحينها سأكون وصلت للموت بعينه، فأنا لا أقبلُ الهزيمة؛ فالهزيمةُ بالنسبةُ ليِ تعد آخر الحياة.

الكاتبة/ شهد فريد.

✿✿✿

سيأتي يوم

سيأتي يومٍ، وألتقى به، وأُخبرهُ بكل شيء؛ سأخبرهُ بأنَّ المسلمين قد أضلوا الطريق من بعدهِ، سأخبرهُ أنَّ الرجال أصبحوا أقلةٍ من بعد موته، سأخبرهُ أنهم عصّوا أوامرهُ، ولم يستوصوا بنا خيرًا بل أصبحوا يعيشوا لأذيتنا، وكأننا خُلقنا للأذية فقط، سأخبرهُ أنَّ العدلَ قد غابَ من بعدِ وفاةِ عمر عليه السَّلام، سأخبرهُ أنَّ الحياءَ قد اختفى من بعدِ موت عثمان عليه السَّلام، سأخبره أنَّ الصحبة قد ضاعت من بعدِ موت الصديق عليه السَّلام، سيأتي حتمًا هذا اليوم، وأُخبرك بكل هذا يا حبيب الله صلَّ الله وسلم وبارك عليك يا رسول الله.

الكاتبة/ شهد فريد

شعورٌ خفيٌ

بداخلي شعورٌ يريدُ محادثتك، ومعاتبتك على تلك الحالة التي وصلنا إليها بسببك أنت، وبداخلي شعورٌ آخر لا يريد حتى التفكيرُ بك، ويهاجمني شعورٌ ثالث لا أعلم كيف أشعر به؟ يريد نسيان كل شيء، وإخبارك كم أحبك، ولا أستطيعُ نسيانك.

الكاتبة/ شهد فريد.

✿✿✿

لقد حطمني الجميع

ذات يومٍ أخبرتُ صديقتي عن شيءٍ أكرهه، وحين تشاجرنا ذكرتني بهذا الشيء، ذات يومٍ ذهبتُ لمُدرِّسَتي، وأخبرتُها بعدم قدرتي على الفهم جيدًا، وحين تفوقتُ على الجميع وصفتني أمامهم بعديمة الفهم، وذات يومٍ أخبرتُ الجميع عن مدى حب لشيءٍ ما؛ فحرموني من هذا الشيّء، لقد حطمني الجميع، وتركوا لي عدة جروح، فأخبرتُ نفسي أن تداوى تلك الجروح، وها أنا أداوى جروحي التي سببها لي كل من آمنته على شيء.

الكاتبة/ شهد فريد.

حياة جديدة

وكأن الحياةُ تبتسمُ لي من جديد، وتخبرني أنها لن تقف على أحد؛ نعم أصبحتُ أهتمُ لأمرى أكثر، وأهتمُ لحلمي، وطموحي لم أعد أندم على شيء؛ أصبحتُ هادئةٌ عن قبل، وأصبحتُ أكثر تفاؤل بالخير دومًا، أصبحتُ أرى السعادةُ بداخل بيتي في ضحكة عائلتي، وفرحة أخي الصغير، أصبحتُ أكثر إيجابية لم أعد أهتمُ سوى أن أبنى كيانٌ لنفسي، ثم أصنعُ عائلة يسودها الحب، والأمان، والاستقرار؛ نعم أصبحتُ ناضجةٌ عن قبل كثيرًا، لم أعد أصرخ مثل قبل، بل أصبحتُ أفكر بعقلي أولًا، لم أعد أنا أصبحتُ شخصًا آخر يحب الحياة، والفرحة، والضحكة أتمنى أن أظلُ هكذا دائمًا.

الكاتبة/ شهد فريد.

✿✿✿

تلك الذكريات

كل ليلة أستعيدُ تلك الذكريات مرةٍ أخرى، وأُعيد التفكير في حياتي، وأبدأ بمعاتبة نفسي، والبكاء على حالي، وتبدأ حالة الفوضى تحدثُ داخل عقلي، ويبدأ قلبي بمواساتي، وأبدأُ أنا بالتمرد على تلك الحالة التي وصلت إليها، وفى النهاية أُغمض عيني، وأدعى النسيان لكل هذا، وأصل إلى حالة الشعور باللامبالاة.

الكاتبة/ شهد فريد.

ماذا لو عاد معتذرًا

ماذا لو عاد معتذرًا؟ يُبدى ندمهُ على كل ما حدث، ماذا لو عاد يطلب العودةُ من جديد؟ يُطالب بالحب مرةٍ أُخرى؛ فوالله، وبالله، وتالله لو عاد معتذرًا ألفَ مرة؛ فلن يعودَ الودَّ، ولن أقبل بهِ في حياتي مرةٍ أُخرى، ولن أُسامح في جرح قلبي التي ما زال ينزفُ إلى الآن، ولن أنسى جميعَ دموعي التي ما زلتُ أُدمعها كلَّ ليلةٍ في فِراشي نادمةٍ على اختياري لهُ، فماذا يعني اعتذاره أمام كل هذا الألم؟.

الكاتبة/ شهد فريد.

ولكني أنتظر

وكالعادة ها أنا جالسةٌ أنتظره، أنتظر مواساتهِ لي ،أنتظر كلماتهِ، وعتابهِ أنتظر تبريراتهِ، وقراراتهِ، ها أنا أجلسُ كالمذنب الذى ينتظر حكمه إما بالبراءةِ أو بالإعدام، والموت حيًّا، ها أنا أنتظر ويا له من انتظار صعبٍ جدًّا عليَّ، كم هذا الانتظار مُهلك بالنسبةِ لي، ولكني أنتظر.

الكاتبة/ شهد فريد

ما أجمل هذا الشعور

مـا أجمـل هـذا الشـعور؛ حـين تلمـسُ كلماتـك قلبـي، وتحتضـن مشـاعري، وأشـعرُ بيـدك تحـاوطني وتبـثُّ بـداخلي دفء العـالم بأكملـهِ، تغمرنـي سـعادة الكـون حـين تُرسـلُ لـيٍ كلماتـك التـي أصبحت هوسي، وعشقي؛ فقد أدمنتُ تلك الكلمات التي تحتويني بجميع حروفهـا؛ فأصـبحت تلـك الكلمـات التـي ترسـلها لـي هـي ملجئي، وأماني لحين تعود بشخصك أنت، حين أقرأها أراك بهـا تحتويني بكل حبٍ وحنين، وكأنك أنت مـن تقـف أمـامي، ولـيس كلماتٍ كتبتها لأجلي.

الكاتبة/ شهد فريد.

✿✿✿

لقد نضجت

الآن فقط أستطيع أن أتحدث بأعلى صـوت، وأخبـر الجميـع أنـى نضجتُ نعم لقد نضجتُ؛ لقد نضجتُ حين علمت أن الثقة ليسـت لأي شخص، لقد نضجتُ حين علمت أن الأهل هـم فقـط الأمـان، والسند، لقد نضجتُ حين تكـررت أخطـائي، واكتشـفتها مـؤخرًا، لقد نضجت حقًّا حين خُذلت.

الكاتبة/ شهد فريد.

ماذا لو؟

ماذا لو جلسنا سويًّا لِتبادل بعض النظرات التي اشتقتُ لها كثيرًا؟ ماذا لو تبادلنا حديثٍ قد مضى عليه سنواتٍ، ولكنه ما زال محفور بذاكرتي إلى اليوم؟

ماذا لو جئتك لتغمرني بحنانك التي أفتقده؟

ماذا لو أرسلت لي تلك الكلمات مرة أخرى لتحيي قلبي من جديد؟ وماذا لو ظل عقلي يفكر بك هكذا كل ليلة حتمًا سأصاب بالجنون يا عزيزي؟.

الكاتبة/ شهد فريد.

ضجيج عقلي

ظلامُ الليل، يصحبهُ ذاك الصمتُ التام مع تلك النسماتُ الباردة؛ أجلسُ أنا وسط كل هذا، ويبدأ عقلي بالغوص بأحلامهِ المتيمة، ويمر الوقت، ويبقى فقط هذا الصمت يعمُّ المكان، وضجيج العالمُ بأكملهِ يحدثُ بعقلي؛ ذكرياتُ الماضي تهاجمُ ذاكرتي من جديد، وأحلامُ المستقبل تُجمعُ خُيوطِها لِتُشكِّلُ نفسها بداخل عقلي، وآلام الفراقُ تعاتب تفكيري، ودموعُ عيناي تحاول الصمود من تلك الذكريات المؤلمة، وبعد مرور الوقت التي لا أعلم مدته؛ أبتسمُ على حالي وأشعرُ باللاشيء بالنهاية.

الكاتبة/ شهد فريد.

أحببته

أحببته، نعم أحببته من أعماق قلبي؛ فأصبح شخصي المفضل بل أصبح كل شيء بالنسبة لي؛ فلا أريد سواه اكتفيتُ به من العالم بأكمله، ولو عاد بي الزمان أقسم أني سأختاره ثانيةً؛ فهو من سكن الفؤاد، ودوى جميعَ جوارحهِ، وهو من أزهر حياتي من جديد؛ فكيف بعد كل هذا لا أحبه، أعترف أني أحببته.

الكاتبة/ شهد فريد.

إلى ذاك الأبله

متى ستدركُ مدى حبي لك أيها الأبله، وإن قلبي ليرتجفُ من خوفهِ، أن تدركُ حبي بعد فواتِ الأوان، أيقظ قلبك المتحجرُ هذا أرجوك، فقلبي يكادُ يختنق من كثرة خوفه.

الكاتبة/ شهد فريد.

لست أنا يا سيدي

لستُ أنا يا سيدي إنها شبيهتي، لستُ أنـا مـن أحبـت حـد الجنـون وخضعت لقلبها، لستُ أنا من أصبحت تهوى الورود والصـباح، لستُ أنا من صارت تبتسم دومًا للحياة، لستُ أنا من عشقت تلك العيون الجارحةُ، لستُ أنا من كانت تسهر الليل فـي حبـهِ، لسـتُ أنا من استسلمت لحبهِ حتى صُدمت بالواقع المرير، لسـتُ أنـا يـا سيدي إنها شبيهتي.

الكاتبة/ شهد فريد

إهداء إلى أمي

أمي الغالية:

مهما حدث سـأظل أنـا طفلتـك المدللـة، ومهمـا فرقتنـا المسـافات ستظلي حبيبتي العزيزة، ومهمـا كـان سـيظل الـرابط بيننـا قـويٌ للأبد، ومهما تحدثت لا، ولن تعلمي مدى حبك في قلبي عزيزتي الغالية.

الكاتبة/ شهد فريد

إهداء إلى أبي

وكيف يتسلل الخوف داخلي؟

واسمك يُذكر أمام العالم بأكمله؛ فأنا أصبحتُ لا أخاف أحد، عندما كُتِبَ اسمي بجانب اسمك، فبوجودك معي أستطيعُ هزيمة العالم بأكمله؛ فاللهم لا تحرمني من وجود أبي بحياتي، واحفظه من كل سوء وشر اللهم آمين يا رب.

الكاتبة/ شهد فريد